Handlungsorientierte Methoden und ihre Umsetzung

Band 2

von

Bernd O. Weitz

Gehlen

2000

Verlag Gehlen · Bad Homburg vor der Höhe

Gehlenbuch 05136

. . . weil auf Recycling-Papier gedruckt.

Verlag Gehlen GmbH & Co. KG
Daimlerstraße 12 · 61352 Bad Homburg vor der Höhe
Internet: http://www.gehlen.de
E-Mail: info@gehlen.de

Dieses Werk folgt der reformierten Rechtschreibung und Zeichensetzung. Ausnahmen bilden Texte, bei denen künstlerische, philologische oder lizenzrechtliche Gründe einer Änderung entgegenstehen.

Zeichnungen: Digital-Grafik, Bad Homburg vor der Höhe

Umschlaggestaltung: Ulrich Dietzel, Frankfurt am Main

Zeichnungen: Digital-Grafik, Bad Homburg vor der Höhe

ISBN 3-441-**05136**-X

Herstellung: Media-Print taunusdruck · Bad Homburg vor der Höhe

Inhaltsverzeichnis

1 Einführung und Zielsetzung

„Erstes und letztes Ziel unserer Didaktik soll sein, die Unterrichtsmethode aufzuspüren und zu erkennen, bei welcher die Lehrer weniger zu lehren brauchen, die Schüler aber dennoch mehr lernen, und bei der in den Schulen weniger Lärm, Überdruss und unnütze Mühe zugunsten von mehr Freiheit, Vergnügen und wahrhaftem Fortschritt herrscht."

(J. C. Comenius 1592–1670)

Es ist eine alte und treffende Erkenntnis: Unterrichtsmethoden bilden die „Handwerkzeuge" des Lehrers. Je voller also die „Werkzeugkiste" bzw. je umfangreicher das Methodenrepertoire von Lehrern ist, umso wahrscheinlicher ist ein lernintensiver abwechslungsreicher Unterricht und umso eher wird ein den jeweiligen Gegebenheiten und Bedingungen der Schüler und des Inhalts angemessener Wirtschaftsunterricht möglich. Wie der vorangegangene Band (B. O. Weitz: Handlungsorientierte Methoden und ihre Umsetzung, Gehlen Verlag, Bad Homburg vor der Höhe 1998) soll auch der vorliegende Lehrern Anregungen und Hilfen geben bei der Einbindung handlungsorientierter Methoden in den Ökonomieunterricht.

Vorangestellt wird eine knappe Ergänzung der im Band 1 dargestellten theoretischen Grundlagen handlungsorientierter Unterrichtsgestaltung (Kapitel 2). Die Auseinandersetzung mit den in Band 1 thematisierten handlungsorientierten Methoden (Rollenspiel, Fallstudie, Planspiel, Projektarbeit, Erkundung und Expertenbefragung) dürfte gezeigt haben, dass diese umso lernwirksamer im Sinne einer aktiven und partizipativen Auseinandersetzung mit Theorie und Praxis des Wirtschaftsgeschehens sind, wenn sie in einem methoden-kombinatorischen Verbund eingesetzt werden. Aus diesem Grunde wird in Kapitel 3 zunächst eine **Auswahl „handlungsorientierter Methoden von geringerer Komplexität"** skizziert, deren Einsatz allein oder in Verbund mit komplexeren Methoden (wie z. B. der Fallstudien- oder der Projektarbeit) ein handlungsorientierteres Lernen in der ökonomischen Bildung fördern kann. Hierzu zählen:

Brainstorming, Brainwriting, Mindmapping, Debatte, Metaplantechnik, Talkshow, die Arbeit mit Karikaturen und Kreuzworträtseln, die Durchführung von Recherchen sowie die Erstellung von Wandzeitungen.

Nach einer eher skizzenhaften Darstellung der handlungsorientierten Methoden mit geringerer Komplexität werden **weitere, komplexere handlungsorientierte Vorgehensweisen** vorgestellt. Dabei handelt es sich um die

Szenario-Methode (Kapitel 4), die Leittextmethode (Kapitel 5) und die Zukunftswerkstatt (Kapitel 6).

Anschließend werden Hinweise auf **Möglichkeiten des wirtschaftsbezogenen**

- ▲ Lernens im Internet gegeben und das
- ▲ Assessment-Center als

handlungsorientierte Konzeption zur Personalauswahl und Beurteilung dargestellt (Kapitel 7 und 8).

Die Publikation soll insgesamt einen Beitrag leisten zu einem Ökonomieunterricht, in dem die Schüler mehr Eigenständigkeit und Eigenverantwortung erhalten, worin neben dem Erwerb von Kenntnissen der gegenwärtigen und zukünftigen Handlungskompetenz große Bedeutung zugemessen wird und in dem nicht zuletzt Schüler und Lehrer Freude am gemeinsamen Tun entwickeln können.

2 Handlungsorientiertes Lehren und Lernen im Ökonomieunterricht

2.1 Zur Notwendigkeit handlungsorientierten Unterrichts

Zahlreiche Befunde wirtschaftspädagogischer Untersuchungen deuten darauf hin, dass die ökonomische Bildung an unseren Schulen vor einer Vielzahl von Problemen steht. Als Kernprobleme können jedoch ein deutlicher Verlust an Realitäts- und Praxisbezug sowie eine einseitige Betonung der fachwissenschaftlichen Kenntnisse festgemacht werden. Anders ausgedrückt: Ein präsentierender Unterricht, der den Schüler weitgehend auf die Rolle des passiv Lernenden verweist, wie es die nachfolgende Karikatur andeutet, steht noch immer weit vor einer aktiven und partizipativen Auseinandersetzung der Schüler mit den Lerngegenständen.

Reetz/Witt haben schon vor geraumer Zeit festgestellt, dass sich der Unterricht im kaufmännischen Bereich häufig darauf beschränkt, Begriffswissen zu vermitteln, das auf Abruf von den Schülern zu reproduzieren ist (Quelle: vgl. Reetz/Witt 1974, S. 168).

Wenn aber Unterricht sich nur allzu oft als „Einbahnstraße Lehrer – Schüler“ darstellt (Quelle: vgl. Ewig 1997, S. 18), worin Schüler eine passive Objektkontrolle einnehmen, so ist kaum zu erwarten, dass sie sich zu Beruf und Wirtschaft aktiv gestaltenden Menschen entwickeln. Damit läuft die ökonomische Bildung Gefahr, mangelhaft vorzubereiten auf die gegenwärtigen und künftigen Anforderungen und Probleme junger Menschen u. a. Arbeitnehmer, Verbraucher, aber auch als Beteiligte bzw. Betroffene von wirtschaftspolitischen Vorgängen. Als Reaktion darauf hat sich in den letzten Jahren in der wirtschaftspädagogischen Diskussion die Forderung nach einem stärker handlungsorientierten gestalteten Unterricht herauskristallisiert, dessen Rolle als Lernende zu versetzen und im Lernprozess theoretisches Wissen und Wirtschaftspraxis stärker aufeinander zu beziehen (vgl. hierzu auch Achtenhagen u.a. 1992; Albers Hg. 1995; Stein/Weitz 1992). Diese Ziele finden sich auch in den amtlichen Vorgaben für die schulische Arbeit wieder. So hebt die Rahmenvereinbarung der Kultusministerkonferenz über die Berufsschule die Forderung nach Handlungsorientierung ausdrücklich hervor und betont, dass heute von der Berufsbildung erheblich mehr als nur die Vermittlung von Sachkompetenz gefordert wird.

„Die Berufsschule hat zum Ziel,

- ▲ eine Berufsfähigkeit zu vermitteln, die Fachkompetenz mit allgemeinen Fähigkeiten humaner und sozialer Art verbindet;
- ▲ berufliche Flexibilität zur Bewältigung der sich wandelnden Anforderungen in Arbeitswelt und Gesellschaft auch im Hinblick auf das Zusammenwachsen Europas zu entwickeln;
- ▲ die Bereitschaft zur beruflichen Fort- und Weiterbildung zu wecken;
- ▲ die Fähigkeit und Bereitschaft zu fördern, bei der individuellen Lebensgestaltung und im öffentlichen Leben verantwortungsvoll zu handeln.“

Zur Erreichung dieser Ziele „(...) muss die Berufsschule den Unterricht an einer für ihre Aufgaben spezifischen Pädagogik ausrichten, die Handlungsorientierung betont [...]“ (Sekretariat KMK, Beschluss vom 14./15. März 1991).

Für die allgemein bildende Schule formuliert H. Bönsch programmatisch: „Die Begründung für handlungsorientierten Unterricht liegt in dem Versuch, das gestörte Verhältnis von Schule und Leben u. a. dadurch zu verbessern, dass der gesellschaftliche Verwertungszusammenhang des in der Schule vermittelten Wissens für die Schüler erfahrbar gemacht wird. Sie liegt erziehungstheoretisch in dem Versuch, über Handlungsorientierung mehr Freude und Interesse am gemeinsamen Tun zu finden" (Quelle: Bönsch 1982, S. 12).

Besonderes Interesse wird einer handlungsorientierten Gestaltung des Unterrichts auch von Seiten der Wirtschaft entgegengebracht. Werner G. Faix, Leiter der Schulung und Personalentwicklung der IBM Deutschland, fordert im Rahmen der „Beiträge zur Gesellschafts- und Bildungspolitik" des Instituts der deutschen Wirtschaft, dass die mentale Kapazität von Arbeitnehmern nicht mehr nur als Speicher für Faktenkenntnisse, sondern als Schaltzentrale für intelligente Aktionen und Reaktionen genutzt werden dürfe. Dies bedinge eine neue Qualität des Lehrens und Lernens (Quelle: vgl. Faix/Laier 1989, S. 28 ff.). Die Spitzenverbände der Wirtschaft formulieren demgemäß: „Schulische Bildung umfasst aus Sicht der Wirtschaft Wissensvermittlung, Werteerziehung, Qualifizierung und Handlungsorientierung" (Spitzenverbände der Wirtschaft 1993, S. 11). Und auch aus gewerkschaftlicher Sicht wird dem wie folgt beigepflichtet: „In den Ausbildungsphasen werden zukünftig nicht nur reine Fertigkeiten und Kenntnisse vermittelt, vielmehr geht es darum, individuelle Handlungsfähigkeit zu vermitteln, die auf selbstständiges Planen, Durchführen und Kontrollieren von Arbeitsvorgängen abzielt" (Quelle: Drewes 1987, S. 2).

2.2 Konzeptionelle Grundlagen

Handlungsorientierte Lehr- und Lernansätze grenzen sich ab von einer nicht selten zu verzeichnenden Unterrichtsarbeit, in der die Schüler auf eine weitgehend passive Rolle festgelegt sind, in der sich Lernen weitgehend auf die sprachliche und begriffliche Auseinandersetzung mit Lerninhalten reduziert und die Speicherung von Fachwissen das zentrale Unterrichtselement darstellt. Zugrunde gelegt wird demgegenüber im Rahmen der Überlegungen zur Gestaltung handlungsorientierten Unterrichts die Annahme, dass zwischen abstrakten Formen menschlichen Denkens und zielgerichteten Handlungen eine strukturelle Identität gegeben ist. Die handelnde Auseinandersetzung mit Lerngegenständen bildet danach die Basis für die Strukturierung und möglichst ganzheitliche Entwicklung von Lernprozessen. Es handelt sich also beim Handlungslernen, wie dies in der Diskussion mitunter missverstanden wird, nicht um eine „Methode", sondern um ein Lernkonzept, in dem sich Didaktik und Methodik welchselseitig bedingen. Handlungsorientiertes Lernen hat lernorganisatorischen Charakter und in der unterschiedlichen Umsetzung kommen unterschiedliche Methoden zum Tragen, die der Erfüllung der Aufgabe dienen und die vom Lernkonzept her legitim werden (Quelle: vgl. Hoppe/Schulz 1995, S. 4).

Grundsätzlich wird im Rahmen handlungstheoretisch begründeter Lernkonzepte davon ausgegangen, dass kognitive Prozesse im Rahmen der Wahrnehmungstätigkeiten und des Handelns auftreten. Denken – so die Voraussetzung – entwickelt sich aus dem praktischen Handeln und aus der darin stattfindenden Wahrnehmung. Die Forschungen des Lernpsychologen Hans Aebli belegen den immanenten Zusamenhang von Denken und Handeln. Er stellt fest, dass unser Denken aus Handlungen hervorgeht und es trägt noch grundlegende Züge des Handelns, insbesondere seine Zielgerichtetheit und seine Konstruktivität (Quelle: vgl. Aebli 1980, S. 26). Wenn aber Denkstrukturen sich aus verinnerlichten Handlungen entwickeln und Denken eine „Metatätigkeit" über das konkrete Handeln ist, dann müssen auch Begriffsbildungsprozesse ihren Ausgang in konkrete Handlungen nehmen (Quelle: vgl. Aebli 1980, S. 22 ff.). Auch die Folgen der Nichtbeachtung dieses Zusammenhangs für die schulische Arbeit macht Aebli deutlich: „Der didaktische Kurzschluss besteht darin, bloße Ergebnisse zu vermitteln und zu meinen, man habe nicht die Zeit oder es sei zu umständlich, mit den Schülern jene Tätigkeit in Gang zu setzen, deren Ergebnis die Einsicht, die Problemlösung, der Begriff ist." (Quelle: Aebli 1987, S. 30 f.) Damit ist ein zentraler Anspruch handlungstheoretisch begründeten Lernens benannt: Der Mensch, der im Lernprozess aktiv die Lösung ihm gestellter Probleme betreibt. Den wesentlichen Unterschied gegenüber konventionellem unterrichtlichem Lernen beschreibt H. Aebli wie folgt: „Die Problemlösung führt zur genauen Planung der Handlung, die vorher noch ein ungeklärter globaler Handlungsentwurf oder nur eine Zielvorstellung war. Es wird also ein Handlungsplan im Denken aufgebaut und sodann in die Praxis um gesetzt." (Quelle: Aebli 1980, S. 23)

In den Erklärungsmodellen der Handlungstheorie wird eine Handlung dann als vollständig bezeichnet, wenn eine Arbeitstätigkeit von der Planung bis zur Kontrolle von der handelnden Person selbst ausgeführt wird. Als Konsequenz für die Gestaltung von Lernsituationen ergibt sich daraus, dass darin der ganzheitliche Charakter von Handlungszusammenhängen gewahrt bleiben muss. Das gilt sowohl für die Planung, Ausführung und Bewertung als auch für die Verbindung verschiedener nebengeordneter Handlungselemente bzw. Lernschritte. Anders ausgedrückt, unterrichtliche Lernsituationen müssen den ganzheitlichen Charakter von Anforderungen- und Problemsituationen aus der Praxis des ökonomischen Feldes widerspiegeln, wenn sie eine darauf bezogene umfassende Handlungskompetenz der Schüler zur Folge haben sollen. Damit kann handlungsorientierte Unterrichtsarbeit auch den forschendproblemorientierten Methoden zugeordnet werden, deren wesentliches Anliegen K. Haspas darin sieht, „(...) dass die Schüler in Problemsituationen gestellt werden, dass sie die Probleme erkennen, formulieren, möglichst selbstständig lösen und die Problemlösungen in der Praxis prüfen und schöpferisch anwenden können." (Quelle: Haspas 1976, S. 55)

Nicht voreilig abgetan werden darf die Befürchtung, handlungsorientierte Arbeit vernachlässige das theoretische Wissen bzw. die fachwissenschaftlichen Grundlagen. Grünewald/Koch betonen zu Recht, dass ausreichendes Fachwissen bzw. die Fachwissenschaft weiterhin eine der entscheidenden Voraussetzungen für die erfolgreiche Bewältigung der Aufgaben im kaufmännisch-verwaltenden Bereich darstellt (Quelle: vgl. Grünewald/Koch 1981, S. 67 ff.). Damit wird einem m. E. für die Akzeptanz eines handlungsorientierten Unterrichts entscheidenden Missverständnis entgegengetreten: Es geht nicht darum, das Fachwissen aus der ökonomischen Bildung zu verdrängen. Es geht vielmehr in erster Linie darum, den Zugriff der Schüler auf das Fachwissen und die Möglichkeiten zur unterrichtlichen Aneignung fachlicher Kenntnisse effektiver zu gestalten. Die Wissenschaftsorientierung von Schule und Unterricht wird durch handlungsorientierte Unterrichtsgestaltung nicht infrage gestellt. Allerdings, es gilt, Wissenschaftsorientierung stärker im Sinne des forschenden Lernens auszurichten, das heißt auf die Kompetenz, Wissen und Erkenntnisse durch eigenständigeres Denken und Handeln, durch eigenes Erfahren und Erleben zu gewinnen. In einem so ausgerichteten Unterricht werden wissenschaftliche Erkenntnisse und fachwissenschaftliche Theorien herangezogen, wenn sie zur Lösung und Klärung konkreter ökonomiebezogener Aufgaben, Anforderungen und Probleme dienen. Dabei wird ihr besonderer Wert für Schüler dann erkennbar, wenn wissenschaftliches Wissen seine Überlegenheit gegenüber den subjektiven Alltagstheorien und Handlungsmustern in der Bewältigung der in der jeweiligen Unterrichtssituation gestellten Aufgaben dokumentieren kann.

Hans Ulrich stellt hierzu fest: „Eine streng linear-logische Denkweise, die gleichzeitig stark reduktiv ist, weil sie viele Faktoren ausklammert, wird uns vom ersten Schultag anerzogen. Wir Menschen haben aber (...) von Natur aus die so genannte Gestaltswahrnehmung: Wir nehmen Ganzheiten, Bilder, die vollständige Gestalt wahr. Das wird uns (...) ausgetrieben, indem wir durch zerlegendes analytisches Denken bald nur noch Einzelheiten, aber nicht mehr das Ganze sehen." (Quelle: Ulrich 1985, S. 134) H. Aebli zieht als Konsequenz für die Unterrichtsarbeit: „Stoff kann man nicht ‚netto' vermitteln. Er muss im Kontext attraktiver Tätigkeit vorkommen." (Quelle: vgl. Aebli 1987, S. 20 f.)

Handlungsorientierter Unterricht hat damit darauf abzuzielen, konsequent solche Lernsituationen herbeizuführen und Lernarrangements zu schaffen, in denen Schülern Inhalte nicht losgelöst von ihren lebens- und berufsweltlichen Zusammenhängen begegnen. Um ein Beispiel zu geben: Es ist sicher ein erheblicher Unterschied für die Lernenden, ob ihnen die absatzpolitischen Instrumente referierend präsentiert werden oder ob sie diese Instrumente im Rahmen einer Fallstudie, welche die Absatzstrategie eines Unternehmens aufzeigt, kennen lernen und sie unter Zuhilfenahme fachwissenschaftlicher Grundlagen analysieren und vertiefen können.

Es liegt nahe, dass handlungsorientierte Konzepte eine Veränderung der dem Schüler zugedachten Rolle im Unterrichtsprozess, aber auch der tradierten Lehrerrolle erfordern. Sie muss im Schüler einen Wandel vom durch Unterricht betroffenen Objekt zum im Unterricht mehr und mehr selbstständig handelnden und ihn gestaltenden Subjekt erfahren lassen. Beim Lehrer ist ein Rollenwandel erforderlich, der sich insbesondere darin ausdrückt, weniger vorzugeben, weniger Kenntnisse zu präsentieren, dafür aber zunehmend zum Initiator und Organisator von Lernprozessen zu werden (Quelle: vgl. hierzu auch Meyer 1997, S. 158 ff.).

Handlungsorientierter Unterricht ist zugleich Unterricht, in dem ein Höchstmaß an **Anschaulichkeit** angestrebt wird. Dies bedeutet auch, dass konsequent alle sich bietenden Möglichkeiten der direkten und indirekten Veranschaulichung im Unterricht zu nutzen sind. Es gilt also, den Unterricht, wo immer dies möglich ist, direkt durch die Einbindung des konkreten und „begreifbaren" Gegenstandes, z. B. des Formulars zur Einkommensteuererklärung, des zu buchenden Belegs, eines Kreditvertrages oder zu vergleichender Angebotsschreiben zu unterstützen. Aber es sind auch alle Möglichkeiten der indirekten Veranschaulichung des Unterrichtsgegenstandes zu nutzen, z. B. durch Abbildungen (Karten, Plakate, Diapositive, Zeichnungen und Karikaturen), durch Schemata (z. B. Organisationsschemata), Modelle und die vielfältigen Möglichkeiten durch audio-visuelle Unterstützung Praxiseindrücke zu vermitteln. Letztendlich gilt es aber, den Begriff Anschaulichkeit so zu interpretieren, dass in einem „anschaulichen" Unterricht möglichst viele Wahrnehmungsmöglichkeiten des Menschen angesprochen werden (Quelle: im Einzelnen Weitz 1995, S. 136 ff.).

Handlungsorientierter Unterricht ist zwangsläufig mehr als konventioneller Unterricht ergänzt um Handlungsvollzüge, denn er versucht insbesondere ein wissenschaftsorientiertes ausgerichtetes Lernen durch ein auf den ganzen Menschen zielendes Bildungsangebot zu überwinden. Ganz in der Tradition Pestalozzis wird demgemäß handlungsorientiertes Lernen als ganzheitliches Lernen verstanden, in dem der „ganze Schüler" angesprochen wird: Er soll also mit dem Kopf, den Händen und allen Sinnen, aber auch mit seinen Gefühlen im Unterricht dabei sein. Der emotionale Faktor, immerhin ein wesentlicher Bestandteil der menschlichen Psyche, ist in diesem Zusammenhang sicher ein Bereich, dem verstärkte Aufmerksamkeit in schulischen Lernprozessen gewidmet werden muss, denn menschliches Denken und Handeln sind entscheidend auch von Emotionen geprägt. Der Bildhauer, Philosoph und Anthropologe Kückelhaus weist m. E. zu Recht auf Folgendes hin: „Nicht das Gehirn denkt, sondern der mit Haut und Gliedern erlebende Mensch als Ganzes ist es, was denkt. Die Herausforderung, die in diesem Bekenntnis liegt, zielt in eine andere Richtung als die, eine Vermehrung von Informationen zu erfahren." (Quelle: Kückelhaus 1979, S. 30 ff).

G. Pancratz zeigt mit seiner Unterscheidung von Lehrakten im konventionellen Unterricht zu den Lernakten im handlungsorientierten Unterricht auf, das in Letzterem eine grundsätzlich abweichende Gestaltung des Lehr-/Lernprozesses stattfindet, welche eine ganzheitliche Einbildung der Lernenden, wenn man so will mit Kopf, Herz und Hand, ermöglichen soll.

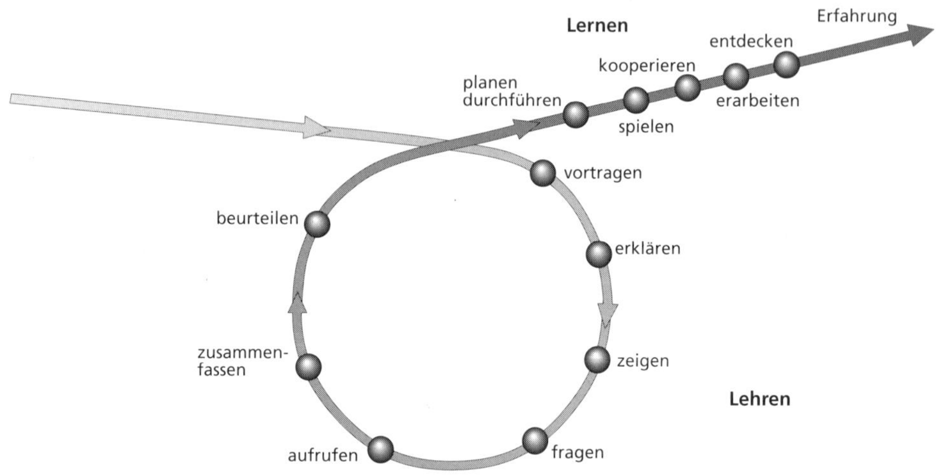

(Quelle: Pancratz 1995, S. 261)

Deutlich zielen die von Pancratz skizzierten Lernakte im handlungsorientierten Unterricht sowie die vorangegangenen Ausführungen auf solche Methoden bzw. Lernarrangements die Schüler zu befähigen, sich in zunehmendem Maße selbstständig Wissen anzueignen, Probleme zu lösen, neue Situationen zu bewältigen und ihre Lebens- und Umwelt mitzugestalten. Hierzu steht der Unterrichtspraxis eine Vielzahl von Umsetzungsmöglichkeiten zur Verfügung, welche die folgende Abbildung andeutet.

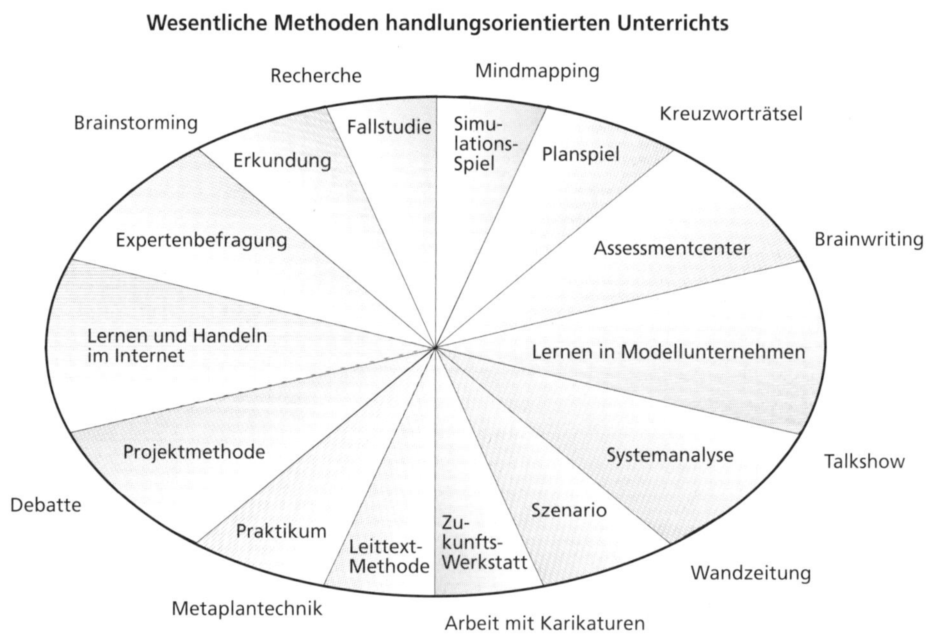

Als gemeinsame Nenner dieser Methoden gelten, dass sie sich am Leitbild des emanzipierten, aktiven Lernenden (Quelle: vgl. Reinhardt 1994, S. 41) orientieren und mit unterschiedlichen Vorgehensweisen eine handlungsorientierte Gestaltung des Unterrichts bewirken wollen. Sie streben zugleich danach, komplizierte Wirkungszusammenhänge und Konsequenzen von Aktionen aufzudecken (Systemdenken) (Quelle: vgl. Kruber 1996).

Mit einer in der schulischen Praxis erprobten Auswahl an handlungsorientierten Methoden soll im Folgenden aufgezeigt werden, dass die Praxis des Ökonomieunterrichts durch Handlungsorientierung um wertvolle innovative Aspekte ergänzt werden kann. Dabei sollte nicht zuletzt sichtbar werden, dass die Nutzung handlungsorientierter Methoden nach meiner Erfahrung auch einen wichtigen Beitrag dazu leistet, eine Schule zu gestalten, in der Unterricht Lehrern wie Schülern Spaß macht.

3 Handlungsorientierte Methoden von geringerer Komplexität

Wie die Ausführungen zu den komplexeren handlungsorientierten Methoden Rollenspiel, Fallstudie, Planspiel, Projektarbeit, Erkundung und Expertenbefragung in Band 1 (Weitz 1998 [c]) gezeigt haben, erfordern diese – zumindest in der konzeptionellen Phase – nicht unerhebliche Vorbereitungen für ihren unterrichtlichen Einsatz.

Der Schulpraxis stehen jedoch auch eine Vielzahl handlungsorientierter Lerntechniken zur Verfügung, die sich durch einen relativ geringen Komplexitätsgrad auszeichnen und ohne intensive Vorbereitung durch den Lehrer in den Unterricht einbezogen werden können. Hierzu zählen u. a. Brainstorming, Brainwriting und Mindmapping, die Pro-und-Contra-Debatte (Streitgespräch), die Metaplantechnik, die Talkshow, die Arbeit mit Karikaturen und Kreuzworträtseln, die Durchführung von Recherchen sowie die Erstellung von Wandzeitungen.

Ohne an dieser Stelle näher auf die spezifischen Lernchancen dieser Techniken z. B. im kommunikations-, kreativitäts- oder teamfähigkeitsfördernden Bereich näher eingehen zu wollen oder sie in eine Rangordnung zueinander zu bringen, ist doch ihre Wirkung unbestritten, fachbezogene und eigenständige Aktivitäten der Schüler zu initiieren. Unbestritten ist auch, dass sie in Kombination zu komplexeren methodischen Vorgehensweisen etwa zu Projekten oder Planspielen zu besonders lernwirksamen Synergieeffekten führen können.

Im Folgenden soll deshalb eine Auswahl solcher „handlungsorientierter Methoden von geringerer Komplexität" skizziert werden.

3.1 Brainstorming

Situationsbeschreibung

Montag, 08:15 Uhr, der Unterricht in einer Klasse der Höheren Handelsschule hat begonnen. Waren die Schüler soeben noch reichlich müde und mit den Ereignissen des Wochenendes beschäftigt, so sprudeln sie jetzt Begriffe, Ideen und Kenntnisse hervor. Alle Schüler, auch die sonst eher zurückhaltenden, sind bestrebt, ihre Meldungen an den Lehrer zu bringen, der die Zurufe ohne korrigierende Bemerkungen an die Tafel nimmt. Das Thema: „Ein Unternehmen in der Krise: Möglichkeiten zur Abwehr von Insolvenz." Es ist erstaunlich, welche Vielzahl an sinnvollen und kreativen Vorschlägen zur Lösung des vom Lehrer in einer kurzen Fallschilderung vorgetragenen Unternehmensproblems zusammengetragen wird beziehungsweise welche Bandbreite an Vorkenntnissen und Erfahrungen z. B. über Unternehmen der Eltern in den Köpfen der Schüler verborgen war. Die alles auslösende Methode nennt sich Brainstorming.

Unter Brainstorming (engl. Gehirnsturm) versteht man ein Verfahren zur Förderung neuer Gedanken, Sichtweisen, Ideen etc. Ursprünglich kommt das Brainstorming aus der amerikanischen Werbewirtschaft. Der Werbefachmann A. F. Osborn propagierte das Brainstorming zu Beginn der 50er Jahre (vgl. Osborn 1953). Es diente zur Ideensammlung hinsichtlich der Lösung absatzwirtschaftlicher Probleme. Zwischen sechs und zwölf Personen mit heterogenen Vorkenntnissen und Erfahrungen tragen spontan ihre Einfälle zum jeweiligen Thema vor. Die Äußerungen werden von einem Moderator festgehalten und nach Abschluss der Sitzung ausgewertet (vgl. hierzu u. a. Ulmann 1970; Clark 2/1967). Grundregeln für die Durchführung einer Brainstorming-Sitzung sind:

- ▲ Es sollen möglichst viele Ideen verbalisiert werden.
- ▲ Auch scheinbar utopische, alberne oder unrealisierbare Ideen sollen geäußert werden.
- ▲ Die Weiterentwicklung bereits geäußerter Ideen ist erlaubt.
- ▲ Kritik, Spott etc. gegenüber Ideen von Teilnehmern ist nicht erlaubt.

Es liegt nahe, dass dieses Verfahren für die Schule überall dort von Interesse ist, wo es gilt, Kreativität, Spontaneität und das zwanglose Produzieren von Lösungsvorschlägen zu Problemstellungen des Unterrichts zu fördern. „Die Schüler bringen dabei ohne Bewertung und ohne Kritik durch die Mitschüler noch undurchdachte Gedanken zum gestellten Problem, also auch auf den ersten Blick abwegige, als Stimuli für weitere Ideen ein. Quantität ist vorerst wichtiger als Qualität. Es schließt das Erörtern der an der Wandtafel notierten Zurufe an (. . .)" (Quelle: Peege 1986, S. 169).

Von besonderer Bedeutung ist, dass im Brainstorming das Vorwissen der Schüler sehr umfassend und tief gehend freigesetzt werden kann und auch ansonsten eher zurückhaltendere oder „schwächere„ Schüler kreativ eingebunden werden. „Jede Art von Vorwissen, ganz gleich aus welcher Quelle, soll eingebunden werden (...). Es ist völlig unerheblich, wie man auf die Idee kommt, je wilder desto besser. Falsche oder unwichtige Beiträge werden im weiteren Verlauf des Prozesses aufgedeckt und verworfen (...). Der psychologische Effekt des Brainstorming ist, durch assoziatives Denken das Vorwissen aller Beteiligten zu aktivieren“ (Quelle: Pfaff 1997, S. 13 f.).

Brainstorming ist so auch keineswegs identisch mit „regellosem“ Unterricht, es gelten vielmehr insbesondere folgende Regeln:

- **„Diskussionsverzicht:** Die Teilnehmer verzichten auf eine Kritik von Äußerungen anderer und stellen lediglich z. B. Verständnisfragen.
- **Visualisierung aller Äußerungen:** Alle Aussagen werden in Stichpunkten dokumentiert.
- **Ausnahmsweise gilt:** Quantität vor Qualität: Um originelle, vielseitige Einfälle zu sammeln und Denkschablonen aufzuheben, kommt es auf die Erfassung aller Beiträge an.“

(Quelle: Weber 1995, S. 19.)

Die nachfolgenden Phasen skizzieren eine Möglichkeit zur unterrichtlichen Gestaltung eines Brainstorming.

Phase 1: Konfrontation

Die Schüler werden mit dem Thema, dem Problem oder der Fragestellung, auf die bezogen Vorkenntnisse, Erfahrungen, aber auch Lösungsvorschläge freigesetzt werden sollen, konfrontiert. Dies kann z. B. im Rahmen einer Fallschilderung bzw. Fallstudie geschehen.

Phase 2: Ideenfindung

Die Schüler werden aufgefordert, alles zu sagen, was ihnen zum Thema einfällt. Ein oder mehrere Protokollanten notieren alle Äußerungen (Tafel, Wandzeitung, Folie). Es ist auch möglich, ein Tonbandgerät zur nachträglichen Auswertung in einer Pause oder zur Überprüfung mitlaufen zu lassen. – Als zeitliches Optimum für die erste Phase gelten 15 Minuten. Diese Zeitangabe sollte aber je nach Thema und Ideenfluss sowie nach der Teilnehmerzusammensetzung flexibel gehandhabt werden.

Phase 3: Ideenbewertung

Erst jetzt werden die Ideen geordnet und auf ihre Brauchbarkeit hin überprüft. Zunächst werden die Doppelnennungen gestrichen. Dann werden die Ergebnisse nach drei Typen sortiert. Ergebnisse, die schnell anwendbar sind bzw. eindeutig zum Thema gehören, erst nach eingehender Prüfung anwendbar sind bzw. nicht auf den ersten Blick zum Thema gehören (Ideen dieses Typs sind besonders sorgfältig zu prüfen, weil hier häufig interessante und weiterführende Anregungen versteckt sein können) und solche, die nicht oder zurzeit nicht anwendbar sind bzw. nicht zum Thema gehören.

Phase 4: Strukturierung und Weiterführung

Anschließend werden die als brauchbar und weiterführend angenommenen Gedanken in eine bereinigte und verkürzte Liste übernommen. Diese wird dann weiter strukturiert, so wie es dem zu lösenden Problem inhaltlich angemessen ist. Diese Liste bildet zugleich die Grundlage für Planungen weiterer Schritte zur Bearbeitung des Themas.

(Gestaltet nach Modick 1980, S. 14.)

Die Arbeit mit Brainstorming kann den motivationalen Zugang zu Themen- und Problemstellungen erleichtern, Vorwissen sowie Erfahrungen freisetzen und diese in eine aktive Auseinandersetzung mit den dargebotenen akkumulierten Fachinhalten der Wirtschaftslehre überleiten. Der effektive Einsatz dieser fantasiefördernden, handlungsorientierten Methode erfordert allerdings auch, darüber nachzudenken, wie der nachfolgende Unterricht gestaltet werden soll und inwieweit dort die entfaltete Kreativität aufgegriffen wird. „Bleibt die Fantasie folgenlos für den weiteren Unterrichtsverlauf, dann ist dies eine Bestätigung der erwarteten Wertlosigkeit spontaner, nicht reflektierter ‚Gedankenblitze‘, die schon Hegel anspricht: ‚Aus der Leichtigkeit der Fantasie geht kein gediegenes Werk hervor.‘ Das heißt nicht, dass eine lustbetonte ‚Kreativitätsstunde‘ zwanghaft in einer ‚richtigen' Schulstunde zerredet werden soll. Auch für die zweite Phase ist sehr viel Humor, Vorstellungskraft und Flexibilität erforderlich, um das Veränderungspotenzial der gefundenen Ideen zu erkennen. Ihr Wert im Kontext von Schule entscheidet sich letztlich daran, ob sie die Wirklichkeit der Schüler verändern – das heißt vor allem, ob sie für die gemeinsame Lernsituation so ernst genommen werden, dass sie direkt die (weitere; Erg. d. Verf.) Unterrichtsplanung beeinflussen“ (Quelle: Staudte 1985, S. 401).

3.2 Brainwriting

Auch diese Methode des Brainwriting hat ihren Ursprung in der Unternehmenspraxis. Sie soll in einem stärker strukturierten Vorgehen zur intensiven „Produktion" von Gedanken und Ideen anleiten. Das Brainwriting ist eng verwandt mit dem Brainstorming. Bei dieser Methode tritt das Schreiben an die Stelle des Zurufs an den Moderator. Bei diesem auch **635-Methode** genannten Verfahren schreiben jeweils sechs Teilnehmer je drei Ideen auf einem vorbereiteten Formblatt zu einem gestellten Thema auf und geben anschließend das Blatt fünfmal weiter. Damit werden in 30 Minuten immerhin 108 Gedanken festgehalten. Die Auswertung erfolgt wie beim Brainstorming (vgl. Peege 1986, S. 169).

Das Brainwriting-Verfahren kann in folgenden Phasen ablaufen:

Phase 1:

Das anstehende Problem wird sorgfältig analysiert, die Aufgabenstellung genannt.

Phase 2:

Jeder Schüler erhält nun ein Formblatt mit 18 Feldern und trägt in die oberste Reihe drei Ideen ein.

Phase 3:

Nach dem vereinbarten Zeitraum (drei bis fünf Minuten) wird das Formblatt dann im Uhrzeigersinn an den Nachbarn weitergegeben. Jeder bekommt damit automatisch drei neue Vorschläge vorgelegt.

Phase 4:

Nun sollen zu jedem Vorschlag vertikal anknüpfende oder assoziierende Ideen in die zweite Reihe geschrieben werden.

Phase 5:

Nach weiteren drei bis fünf Minuten wird das Blatt erneut weitergegeben und jeder erhält nun bereits sechs Ideen vorgelegt. Der Vorgang wiederholt sich so lange, bis das Formblatt vollständig ausgefüllt ist.

(Quelle: vgl. Hoffmann/Langefeld 2/1997, S. 30.)

Ein Brainwriting-„Formular" kann wie folgt strukturiert werden:

Brainwriting – sechs Teilnehmer erhalten je ein Formblatt. Sie schreiben in drei Feldern je eine Idee und geben das Formular fünfmal weiter –				
Problem:				
Teilnehmer	**Idee**	**Teilnehmer**	**Idee**	**...**
1	1:	1	2:	...
2	1:	2	2:	...
3	1:	3	2:	...
4	1:	4	2:	...
5	1:	5	2:	...
6	1:	6	2:	...

Auch im Brainwriting gibt es keine falschen oder dummen Ideen. Auch das Anlehnen an andere, das Weiterentwickeln bereits genannter Ideen, ist nicht nur statthaft, sondern erwünscht. So kann sich nicht allein eine Vielzahl von Ideen, sondern bereits deren qualitative Gestaltung entwickeln.

Die stärkere Formalisierung der Vorgehensweise des Brainwriting zwingt jeden Teilnehmer zur intensiven gedanklichen Auseinandersetzung mit dem jeweiligen Problem und zur diesbezüglichen „Ideenproduktion". Darin liegt sicher eine gewisse Gefahr bei ungeübten Schülern oder solchen, die auch mit dem Brainstorming noch keine Erfahrungen gesammelt haben. Dieser Gefahr kann leicht durch eine Verringerung der Vorgaben für die zu entwickelnden Ideen oder die Erlaubnis Platzhalter zu setzen, wenn Denkblockaden einsetzen, entgegengewirkt werden.

3.3 Mindmapping

Die Methode Mindmapping zielt stärker darauf ab, Gedanken und Informationen zu visualisieren. Dabei wird jedoch nicht frei assoziiert, sondern es werden Begriffe zueinander in Beziehung gesetzt, sodass schließlich eine gedankliche „Landkarte" (Mindmap) von Beziehungen zwischen Elementen grafisch dargestellt wird (Quelle: vgl. Frank 1997, S. 14). Das Grundprinzip des Mindmapping ist die Überwindung des traditionellen „schön geordnet und untereinander" Aufschreibens. Der Engländer Tony Buzan entwickelte das Mindmapping als Arbeits- und Kreativitätsmethode, die das Notieren von Gedanken, Ideen und Kenntnissen den Vorgängen im menschlichen Gehirn anpassen sollte (Quelle: vgl. Buzan 1984).

Beim Mindmapping wird das Thema im Zentrum eines Papieres (Tafel etc.) gesetzt, „(...) von dem aus sich die einzelnen Gedankengänge in alle Richtungen entwickeln und verzweigen können. Trotzdem ergibt diese ‚Gedanken-Landkarte' ein geordnetes, übersichtliches und wiedererkennbares Ganzes, vergleichbar einer echten Landkarte, die man sich als Bild einprägt, ohne jedes Detail behalten zu müssen. Zu diesem ‚gehirngerechten' Notieren kommen andere Vorzüge. Es geht kaum ein Gedanke verloren, man hat alles auf einen Blick und das einigermaßen übersichtlich" (Quelle: Lipp 1994, S. 22).

Diese erhebliche „Offenheit" bildet zugleich einen besonderen „kreativen Vorteil" des Mindmapping gegenüber linearen Informationssammlungen. „Es lässt z. B. viel eher zu, neue, in der zuvor aufgestellten Liste nicht enthaltene, Gesichtspunkte aufzunehmen. Andererseits kann es sein, dass am Ende einzelne Begriffe aus der anfangs erarbeiteten Liste ‚übrig', d. h. unverbunden mit den anderen am Rande stehen bleiben. Das kann als Hinweis zur Eingrenzung des Themas interpretiert werden oder aber Anlass zum Streichen bestimmter Aspekte bzw. zur Umstrukturierung der Mindmap sein" (Quelle: Frank 1997, S. 14). Die nachfolgende Abbildung zeigt eine Mindmap, die Gedanken, Begriffe und Informationen zum Thema „Volkswirtschaftliche Produktionsfaktoren ‚vor Ort'" visualisiert.

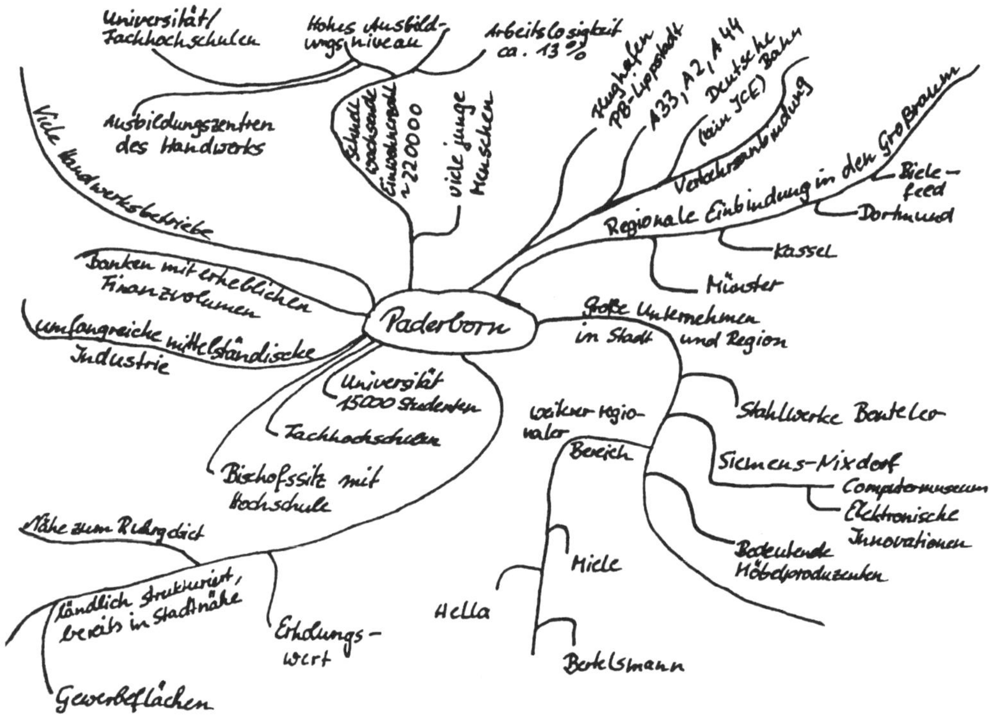

Mindmapping eignet sich sowohl für die Arbeit im Klassenverband als auch in Arbeitsgruppen zum Sichtbarmachen von Arbeitsergebnissen sowie zur Fixierung z. B. von Kenntnissen, Erfahrungen und Ideen.

Die Erstellung einer Mindmap kann sowohl im Klassenverband, in Arbeitsgruppen, aber auch in Einzelarbeit, z. B. zur individuellen Sammlung von Gedanken erfolgen. Dabei kann in folgenden vier Phasen vorgegangen werden.

Vorgehensweise zur Erstellung einer Mindmap

Phase 1:

Zunächst wird das Thema oder das Problem in die Mitte von Tafel, Flip-Chart, Projektorfolie, Papierbogen (DIN A4) etc. geschrieben und eingekreist.

Phase 2:

Nun werden wichtige zum Thema gehörige Aspekte verbalisiert und als Leitgedanken bzw. „Hauptäste" notiert. Hierbei spielt der Gedanke an Vollständigkeit und Trennschärfe keine zentrale Rolle.

Phase 3:

Nun werden die Gedanken notiert, „wie sie kommen". Wenn der Gedanke zu einem schon vorhandenen Hauptast passt, wird er dort angehängt. Wenn nicht, gehört er (oder wird er) zu einem neuen Hauptast. Die „Unteräste" lassen sich natürlich wieder verzweigen. Die Linien werden so angeordnet, dass möglichst waagerecht geschrieben werden kann. Dabei gilt es, in knappen Worten zu formulieren, da sonst die Übersichtlichkeit verloren geht.

Phase 4:

Von den Beteiligten als unwichtig erkannte Äste können gestrichen und Verbindungen zwischen Ästen durch Symbole oder fachliche Kennzeichnungen hergestellt werden.

(Quelle: vgl. hierzu auch Lipp 1994, S. 23/Frank 1997, S. 14.)

3.4 Pro-und-Contra-Debatte (Streitgespräch)

Kaum eine der vielfältigen Möglichkeiten der menschlichen Interaktion ist so geeignet, eine kreative fachbezogene Kommunikation anzuregen wie die Pro-und-Contra-Debatte bzw. das Streitgespräch. Das schulische Streitgespräch hat zum Vorbild die parlamentarische Debatte, in der nach feststehenden Regeln Rede und Antwort aufeinander treffen. Die Debatte setzt voraus, dass Argumente und Gegenargumente eingehend vorbereitet werden. Anders ausgedrückt, eine sinnvolle Debatte bedarf eingehender Auseinandersetzungen mit der jeweiligen Thematik. Von ausschlaggebender Bedeutung bei der Vorbereitung auf eine Debatte ist es, dass Kontrapositionen gesucht werden. Vergleichbar dem Parlamentstreit leitet dann die kontrapositionelle Ausgangslage die Suche nach sachlichen Argumenten. Während das Gespräch beabsichtigt, sich dem Kommunikationspartner über die Sprache verständlich zu machen, ihn geistig anzuregen und ihn für die weitere Kommunikation aufzuschließen, verfolgt die Debatte das Ziel, durch geschickt ausgewählte Sachargumente die Zuhörer von der eigenen Position zu überzeugen. Es liegt auf der Hand, dass die jeweiligen Beteiligten sich in der Vorbereitung auf die Debatte die Inhalte auch aus dem Blickwinkel ihrer potenziellen Kontrahenten betrachten müssen, was zugleich eine umfassende Auseinandersetzung mit dem jeweiligen Thema bewirkt. Motivational begünstigend wirkt sich dabei der konkurrierende Charakter des Streitgesprächs aus.

Da im Rahmen einer Debatte nur eine begrenzte Zahl – manchmal lediglich zwei – Positionen aufeinander treffen, sollten die Vorbereitungen auf das Streitgespräch im Rahmen von Arbeitsgruppen erfolgen, die sich gemeinsam vorbereiten und aus ihrer Mitte die Debattenredner bestimmen.

Eine wesentliche Rolle nimmt in Debatten der Diskussionsleiter ein. Vergleichbar dem Parlamentspräsidenten ist es seine Aufgabe, den organisatorischen Ablauf (Redezeiten, Möglichkeiten zur unmittelbaren Gegenrede, Fragen der Zuhörer) zu koordinieren.

Debatten verlaufen auch im tatsächlichen parlamentarischen Rahmen keineswegs immer ohne persönliche Angriffe und Polemik. Deshalb ist es Aufgabe des Diskussionsleiters (Lehrers/Schülers), den fairen Debattenablauf sicherzustellen (Ordnungsruf, Entzug des Wortes etc.).

Die nicht in die Arbeitsgruppen oder die Diskussionsleitung involvierten Schüler (gegebenenfalls auch „Gast-Klassen“) bilden die Zuhörer, das Plenum der Debatte. Da die Zuhörer nicht an der positionsgesteuerten Vorbereitung der jeweiligen Arbeitsgruppen der Redner beteiligt waren, können sie sich über die vorgetragenen Argumente und Positionen rasch einen Gesamteindruck über die Thematik verschaffen. Wie die Zuhörer realer Streitgespräche stellen sie den katalysierenden Faktor dar. Über den Beifall, die Ablehnung, Zwischenrufe etc. gelingt es dem Publikum – das ja letztlich von den Rednern überzeugt werden soll –, dem Streitgespräch praxisnahe Wirkung zu geben.

L. Scholz (1997, 7 B) hat diese Grundüberlegungen als Spielregeln auf einer für die Hand der Schüler bestimmten Methodenkarte formuliert.

Spielregeln für ein Streitgespräch oder eine Pro-und-Contra-Debatte

1. Zunächst müssen sich die Schülerinnen und Schüler mit dem Thema, dem Problem oder der Fragestellung vertraut machen. Dann wird in einer Abstimmung ein erstes Meinungsbild herbeigeführt: Wie stehen Sie zu dem Problem oder der Frage?
2. Es bilden sich Gruppen für die jeweiligen Positionen. Am besten ist es, wenn die Gruppen durch Los oder ein Zufallsprinzip gebildet werden (z. B. indem verschiedenfarbige Spielkarten gezogen werden). Es geht nämlich jetzt nicht um die eigene Meinung zum Problem, sondern darum, Begründungen für einen Standpunkt vorzutragen, in den man sich hineinversetzt.
3. Die Gruppen setzen sich nun anhand von Materialien vertiefend mit „ihren" Positionen auseinander und erarbeiten sich begründete Standpunkte. Dabei sollten sie auch Argumente der gegnerischen Partei erkennen und überlegen, wie man sie widerlegen kann. Anschließend bestimmen sie Gruppensprecher/-innen (2 oder 3).
4. Für die Durchführung des Spiels wird eine geeignete Sitzordnung hergestellt: Vorne sollen die Gesprächsleiter sitzen, dies können Schüler/-innen oder Lehrer/-innen sein, an zwei sich gegenüberstehenden Längstischen sitzen die „Parteien", dahinter die übrigen Schüler/-innen als Beobachter.
5. Die Gesprächsleiter des Streitgesprächs bzw. der Pro-und-Contra-Debatte begrüßen die Zuschauer, nennen das Thema, stellen die Gesprächsteilnehmer vor und erklären den Ablauf des Spiels. Anschließend halten die Gruppensprecher/-innen jeweils einen ca. dreiminütigen Eingangsvortrag (Statement). Danach erfolgt in Rede und Gegenrede der Austausch der Argumente und Gegenargumente (ca. 15 bis 20 Minuten).
6. In der Auswertung des Spiels fordern die Gesprächsleiter die Beobachter auf, mitzuteilen, welche Argumente sie überzeugend fanden und welche nicht. Außerdem sollen sie ihren Gesamteindruck wiedergeben und sagen, was gut war und was ihnen nicht gefallen hat.

7. Zum Abschluss des Spiels wird noch einmal eine Abstimmung über die Ausgangsfrage durchgeführt. Das Ergebnis wird mit dem ersten Abstimmungsergebnis verglichen. Wenn es Unterschiede gibt, sollten die Ursachen dafür diskutiert werden.

(Quelle: Scholz 1997 [7 b].)

Die Debatte kann sich auch auf eine für alle Beteiligten gleiche Fallstudie beziehen (vgl. insbesondere Band 1, S. 17 ff.), die eine strittige Unternehmenssachlage und die dazu zu fällende Entscheidung darstellt. Aufgabe der Schüler wäre es, wie das nachfolgende Beispiel „Eigenfertigung oder Fremdbezug" zeigt, die Positionen zu besetzen und aus den vorliegenden und eventuell weiteren Sachinformationen (Schulbuch, Expertenbefragung etc.) sich die nötige Sachkompetenz für das Streitgespräch zu erarbeiten.

Fallskizze[1]

Die Firma Theodor Allbauer KG mit Standort in Erwitte ist Marktführer im deutschen Heizungsarmaturenbau. Das Familienunternehmen beliefert jedoch auch den gesamten Weltmarkt (Exportanteil 15 bis 17 %) – es gibt Werksvertretungen auf allen fünf Kontinenten.

Die Allbauer KG beschäftigt ca. 500 Mitarbeiter und stellt etwa 1 200 verschiedene Artikel her. Der Kundenkreis besteht aus Großhandel und Handwerksbetrieben. Der Jahresumsatz beträgt 100 Mio. EUR. Vorrangiges Unternehmensziel Allbauers ist die Konstruktion und Fertigung im eigenen Hause, wodurch die Qualität gesichert wird.

In den letzten Jahren wurde die Großserienfertigung weitgehend automatisiert und auf Computersteuerung umgestellt, sodass die Produktivität gesteigert werden konnte. Durch eine hohe Nachfrage – besonders in den neuen Bundesländern – kam es in den letzten fünf Jahren zu einer Umsatzsteigerung von ca. 100 %. Trotz Rationalisierungsmaßnahmen wurden keine Arbeitskräfte entlassen, sondern in anderen, expandierenden Bereichen eingesetzt.

Im Laufe der Expansionen wird dem Unternehmen ein benachbartes Grundstück von 750 qm Größe für 37 500,00 EUR zum Kauf angeboten. Hierdurch ergibt sich die Möglichkeit, die bislang fremdbezogenen Kunststoffteile selbst zu fertigen. Jedoch besteht das Risiko, dass noch keine Erfahrungen im Kunststoffbereich vorliegen.

Zur Produktion aller 2,5 Mio./Jahr herzustellenden Thermostatköpfe sollen die Kunststoffhandräder selbst produziert werden: Hierzu müssten acht Maschinen zur Verfügung stehen.

Bei erfolgreicher Produktion der Handradkappen sollte die Möglichkeit bestehen, die Spritzerei auszudehnen, um auch weitere Kunststoffteile selbst zu produzieren. Für die Anfangsausstattung von acht Maschinen bedarf es einer Fläche von 264 qm (12 m x 22 m). Außerdem werden ein Lagerraum und ein Raum für das Kühlaggregat und die Wasseraufbereitung von insgesamt 108 qm benötigt.

Daten

Hallenhöhe		10 m
Kosten für		
Hallenbau		200,00 EUR/umgebauter qm
Maschinenkosten für		
8 Maschinen	ca.	385 000,00 EUR
Werkzeugkosten	ca.	392 000,00 EUR
8 Einzeltemperiergeräte		29 200,00 EUR
Trockenlufttrocknungs- und Granulatförderanlagen		56 500,00 EUR
1 zentrale Kühlanlage	ca.	75 000,00 EUR

Unter Berücksichtigung obiger Werte kann das Unternehmen den Hallenbau und die Einrichtung aus Eigenmitteln finanzieren.

Personal

Frühschicht	1 Leiter Spritzgießerei
	1 Kunststoffformgeber
Nachmittagsschicht	1 Kunststoffformgeber
Nachtschicht	mannlos

Das Personal muss aus qualifizierten Fachkräften bestehen, die auch in der Lage sind, Qualitätsprüfungen durchzuführen (Extra-Entlohnung für Qualitätskontrolle). Es kann nicht betriebsintern herangebildet werden.

Preis bei Fremd- und Eigenfertigung:

Fremdbezug:	
Handradkappe/Stück	0,10 EUR
Eigenfertigung:	
Maschinenstundensatz für 2-Schichtbetrieb	EUR/h 6,34
Materialkosten	EUR/h 34,23
Lohnkosten (Vollautomatik-Betrieb)	EUR/h 2,50
Gesamtkosten	EUR/h 43,07
Stückpreis	EUR/h 0,06

Noch nicht enthalten im Stückpreis sind Risikokosten in Höhe von 10 % und ein Verwaltungs- und Vertriebskostenaufschlag von 40 % auf diesen Betrag.

[1] Fallskizze. „Eigenfertigung oder Fremdbezug" von Köpping/Osterwinter/Merkemeier. In: Weitz 1994 (b), S. 73 ff.

Einkaufsbedingungen:

bei Fremdbezug: Lieferung der Handkappen frei Haus;

bei Eigenfertigung: Kunststoffgranulat wird frei Haus geliefert; keine entstehenden Entsorgungskosten, da das Material voll recyclebar ist.

Benötigte Lagerkapazität:

bei Fremdbezug:	450 000 Stück
bei Eigenfertigung:	150 000 Stück

Arbeitsaufgaben:

- ▲ Ihre Arbeitsgruppe hat die Position für Eigenfertigung zu vertreten!
- ▲ Ihre Arbeitsgruppe hat die Position für Fremdbezug zu vertreten!
- ▲ Sammeln Sie Argumente, die für Ihre Position sprechen.
- ▲ Bereiten Sie sich auf mögliche Gegenargumente vor.
- ▲ Begründen Sie Ihre Position und vertreten Sie diese in einem Streitgespräch/in einer Debatte.

3.5 Metaplantechnik

Mit der Metaplantechnik (auch Moderationsmethode und Methode des schriftlichen Diskutierens genannt) hat eine Methode in den Schulen Eingang gefunden, die eigentlich für die Erwachsenenbildung, auch z. B. für die Fortbildung der Lehrer, entwickelt wurde. Mit dieser Methode werden konkrete Erfahrungen oder kreative Ideen der Schüler in das Unterrichtsgeschehen eingebracht und gemäß den geplanten oder unmittelbar während des Geschehens entwickelten Zielvorstellungen weiterentwickelt.

Schülerbeiträge zu einem vereinbarten Thema werden auf Karteikarten, den so genannten Metaplankarten, schriftlich festgehalten und von den Schülern z. B. an der Tafel, Wandzeitung oder Stellwand angebracht. Die üblichen Schritte der Metaplantechnik sehen wie folgt aus:

1. Die Schüler halten ihre Ideen auf Karten fest (unterschiedliche Formen und Farben an Karten sind sinnvoll).
2. Die Karten werden veröffentlicht (an Tafel usw.).
3. Die Schüler/Lehrer besprechen die genannten Punkte (ergänzen oder entfernen Karten bzw. legen diese vorerst beiseite oder drehen die Karten um).
4. Die Schüler/Lehrer bilden Schwerpunkte (ggf. Leitthemen auf Kartons schreiben oder Bewertungskarten erstellen und an Tafel usw. verwenden).
5. Reflexion/Entscheidungen treffen/Regeln aufstellen/neue Ziele usw.

Die Metaplantechnik „(...) hat zum Grundprinzip die Einbeziehung der gesamten Schülergruppe in die Kommunikation. Somit kann im Gegensatz zum Vortrag und zur üblichen Diskussion jeder Einzelne aktiv am Problemfindungsprinzip teilnehmen. Die (...) Metaplantechnik hat den großen Vorteil, dass mündliche Diskussionsbeiträge und schriftliche Fixierung in einem interaktiven Wechselspiel zwischen Lerngruppe und Lehrer stattfinden. Die angestrebte Aktivierung der Schülergruppe verlangt eine lockere Sitzordnung, die das Verlassen des Sitzplatzes fordert. Der Erfolg (...) beruht wesentlich darauf, dass jeder Schülerin und jedem Schüler die eigenen Ideen und die der anderen sichtbar und damit das Problem und die dazu gesammelten Ideen zu jeder Zeit gegenwärtig sind. Dies soll die Beteiligten immer wieder zu eigenen Ideenbeiträgen motivieren" (Quelle: Hoffmann/Langefeld 2/1997, S. 33).

Auch die Metaplantechnik erfordert gründliches Aufarbeiten des zu lösenden Problems. Hilfreich zur Anleitung einer intensiven Diskussion kann eine Vorlage oder ein einführendes Referat sein:

Beispielvorlage: Chancen und Risiken im Außenhandel

Der Handel lebt von Personen, vom Kontakt, von der Fairness miteinander. Auch der Außenhandel wird von solchen Prämissen bestimmt. Es muss schon viel passieren, wenn der Handel mit dem Ausland eingeschränkt wird oder gar zum Erliegen kommt. Dem Abbruch von Handelsbeziehungen liegen Kriege, kriegerische Handlungen, Naturereignisse oder persönliche Zerwürfnisse zugrunde.

Politik setzt häufig die Rahmenbedingungen für den Import und den Export. Politisch begründete Motive der massiven Beeinflussung des Außenhandels sind:

- **Protektionismus:** Schutz der heimischen Wirtschaft vor ausländischer Konkurrenz.
- **Autarkiestreben:** Bemühung, vom ausländischen Handel und von ausländischer Kultur weniger oder gar nicht abhängig zu werden.
- **Außenpolitische Motive:** Druck auf das Ausland, um Verhaltensänderungen zu erzwingen, insbesondere Blockade, Boykott, Embargo.

(Quelle: vgl. Weitz [Hg.] 1999 [a], S. 232.)

3.6 Talkshow

Die Talkshow gehört zu den spielerischen Gestaltungsmöglichkeiten von Unterricht, die die Schüler aus dem Fernsehen kennen. Sie unterscheidet sich vom herkömmlichen Rollenspiel (Band 1, S. 9 ff.) durch den veränderten Handlungsrahmen. Während das Rollenspiel mehr sach- und verhaltensorientiert verstanden wird, kommt bei der Talkshow eine medial vernetzte Rahmenhandlung hinzu. Insofern stellt die Talkshow eine konsequente Weiterentwicklung des Rollenspiels dar.

Im Ablauf einer Talkshow kann man sich an die Muster halten, die schon seit vielen Jahren im Fernsehen praktiziert werden. Die Kenntnis von Schülerinnen und Schülern solcher Sendungen erleichtern die Planung, Durchführung und Nachbereitung von Talkshows und können somit in gewissem Maße vorausgesetzt werden.

In den vorangehenden Unterrichtsstunden sollen alle möglichen Aktivitäten abgesprochen werden wie z. B.:

- Welche Teilnehmerkonfigurationen sollen gebildet werden?
- Welche Themenstellung beziehungsweise welche Konfliktstoffe sollen angesprochen werden?
- Wer soll die Rollen übernehmen?
- Sollen Rollenkarten, Informationsmaterialien, Kurzstatements erarbeitet werden?

Der unterrichtliche Ablauf einer Talkshow kann wie unten stehend erfolgen:

Phase 1: Handlungsorientierung
- Begrüßung durch die/den Moderator/in
- Schüler/Lehrer erläutern Ablauf der Talkshow
- Nennung des Themas/Einstimmung auf das Thema (z. B. Kurzvortrag/Dialog/Video)

Phase 2: Eröffnung Talkshow
- Schüler/Lehrer stellt Thema und die verschiedenen Personen vor

Phase 3: Diskussionsrunde
- Schüler stellen ihre Sichtweise klar, Schüler vertreten ihre Position
- Schüler unterstützen/attackieren andere Positionen

Phase 4: Schlussplädoyers

Phase 5: Hinführung der Schüler zur Wirklichkeit

(Herauslösen aus der Rolle z. B. durch die Frage: Wie hast du dich in der Rolle zurechtgefunden?)

Phase 6: Reflexionsphase/Ergebnissicherung

Beispiel Talkshow: Gerechte Einkommensverteilung?![1]

Ob das Einkommen in Deutschland gerecht verteilt ist, wird häufig sehr kontrovers diskutiert. Die Durchführung einer Talkshow bietet Gelegenheit, unterschiedliche Positionen nachvollziehbar zu machen.

Die Rollenauseinandersetzung im Rahmen einer Talkshow verlangt eine intensive inhaltliche Vorbereitung der Spieler. Diese Vorbereitung kann von Arbeitsgruppen geleistet werden, die aus ihrer Mitte den Talkshowteilnehmer bestimmen. Aufgabe der Gesamtlerngruppe ist es jedoch, zunächst zu bestimmen, welche Diskussionsrollen im Rahmen einer Talkshow zum Thema „Gerechte Einkommensverteilung" aufeinander treffen sollen. Grundlage hierzu kann u. a. die folgende Tabelle sein:

[1] aus Weitz (Hg.) 1999 (a), S. 279 f.

Entwicklung des monatlich verfügbaren Einkommens nach

Haushaltsgruppen	1972	1982	1994
Landwirte	2 850,00 DM	4 542,00 DM	5 375,00 DM
Selbstständige	4 775,00 DM	7 358,00 DM	16 477,00 DM
Beamte	2 350,00 DM	4 383,00 DM	6 471,00 DM
Angestellte	2 050,00 DM	3 825,00 DM	5 455,00 DM
Arbeiter	1 683,00 DM	3 242,00 DM	4 447,00 DM
Rentner	1 175,00 DM	2 417,00 DM	3 548,00 DM
Pensionäre	1 717,00 DM	3 442,00 DM	4 920,00 DM
Arbeitslose	1 225,00 DM	2 025,00 DM	2 636,00 DM
Sozialhilfeempfänger	808,00 DM	1 342,00 DM	2 279,00 DM

Für dieses Thema sollte u. a. auf Zahlenmaterial des Statistischen Bundesamtes, des zuständigen Statistischen Landesamtes sowie auf Zahlen des Arbeitsamtes zurückgegriffen werden.

Es wird viel davon abhängen, welche „Rollen“ für das Gespräch für wichtig gehalten werden, weil hiermit unterschiedliche Standpunkte zum Ausdruck kommen können.

Für jede Rolle sollte in den Vorbereitungsgruppen eine Rollenkarte erarbeitet werden, welche Information zur Funktion (Landtagsabgeordneter, selbstständiger Arzt im Kreis, Studienrat an der Schule usw.) des Rollenspielers sowie eine Skizze der „möglichen Argumente“ enthält.

Beispiele für Argumente auf der Rollenkarte:

- ▲ Ich will auf die Probleme dieser Zeit aufmerksam machen.
- ▲ Die Ungerechtigkeit belastet die Arbeiter und Angestellten.
- ▲ Was ist an der Einkommensverteilung so schlimm, sie zeigt das Land, wie es ist.
- ▲ Cool, wer Leistung bringt, muss auch viel Geld verdienen.
- ▲ Über Geld redet man nicht. Man hat es!
- ▲ Es gibt so keine Chancengleichheit!
- ▲ Die Steuern müssen sinken und die Subventionen auch!

Die Rollenkarte des Moderators kann folgende „Regieanweisungen“ enthalten:

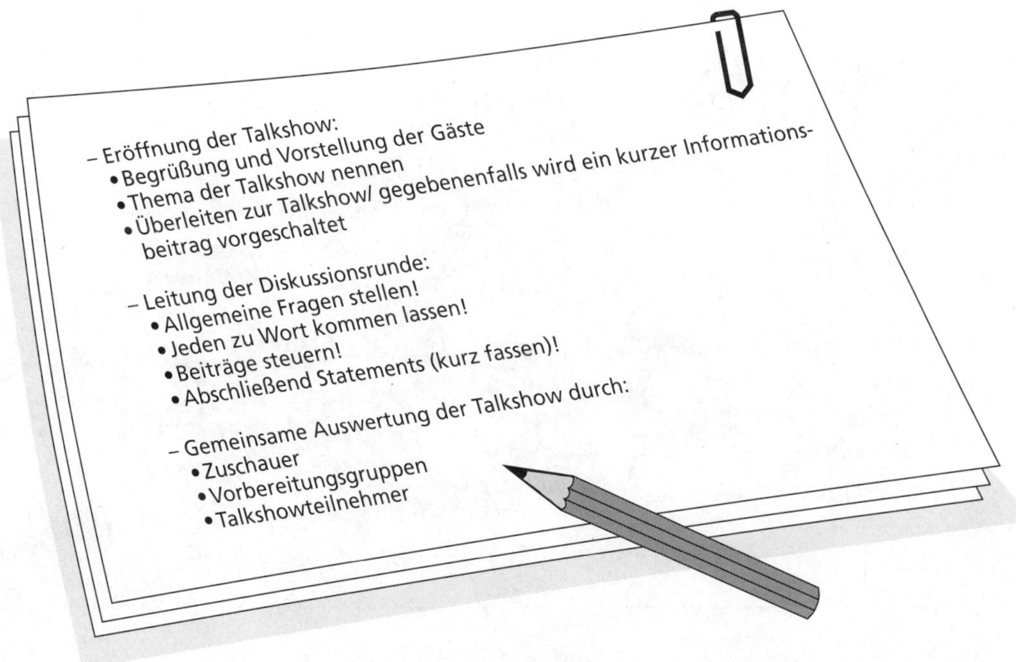

3.7 Arbeit mit Karikaturen

Der Begriff Karikatur leitet sich aus dem italienischen Wort „Caricare“ ab, übersetzt bedeutet dies so viel wie „überladen, übertreiben“.

Karikaturen enthalten das für jeden Unterricht wesentliche Element der Provokation. In ihr enthaltene Widersprüche, Konflikte, Probleme etc. locken den Betrachter aus der Reserve, zu einer Reaktion heraus, fordern zur persönlichen Stellungnahme, zur Standpunktsuche, zu Zustimmung oder Ablehnung.

Eine Möglichkeit der unterrichtlichen Arbeit mit Karikaturen vom ersten Anschauungskontakt bis zum Erkennen der Aussageabsicht einer Karikatur und der eigenen Stellungnahme hierzu ist die folgende:

1. Genaue Beobachtung und Beschreibung der Karikatur und Analyse des gegebenenfalls zugehörigen Textes, z. B. in Gruppenarbeit, Partnerarbeit oder im Unterrichtsgespräch
2. Diskussion
3. Erkennen und Besprechen des dargestellten Problems und Fixierung der inhaltlichen Aussage
4. Vermutungen über den Wahrheitsgehalt und die Realitätsnähe der Karikatur
5. Erkennen der Aussageabsicht des Karikaturisten sowie eigene Stellungnahme hierzu

(Quelle: vgl. Weitz 1981, S. 339 ff.)

Eine Ausweitung der Möglichkeiten zur Arbeit mit Karikaturen stellt die von Lothar Scholz vorgestellte Methode der KARIKA-Tour dar:

Die Methode der KARIKA-Tour dient dazu, mithilfe unterschiedlicher Karikaturen einen Überblick über Interpretationen eines Gesamtthemas zu erhalten. Dazu werden vier oder sechs Karikaturen an den Wandseiten des Klassenzimmers aufgehängt. In Kleingruppen betrachten die Schüler nun die einzelnen Darstellungen:

- ▲ Wie sieht der Karikaturist das Thema?
- ▲ Auf welches Problem macht er aufmerksam?

Das können Fragen sein, auf die die Schüler/-innen eine Antwort finden sollen.

Nach etwa zwei bis drei Minuten wechseln die Gruppen auf ein Signal des Lehrers im Uhrzeigersinn zur nächsten Karikatur. Diese werden unter der gleichen Fragestellung betrachtet. Wenn der Rundgang mit der Kurzbesprechung der übrigen Karikaturen abgeschlossen ist, werden die Bilder abgehängt.

Der Lehrer lässt nun jede Gruppe verdeckt eine Karikatur ziehen.

Mithilfe eines Frage-Leitfadens bespricht nun jede Gruppe ausführlich „ihre" Karikatur. In die Tabelle werden in Stichworten die Antworten eingetragen.

(Quelle: Scholz 1997, 5 A.)

3.8 Arbeit mit Kreuzworträtseln

Der „kenntnisprüfende" Charakter von Kreuzworträtseln prädestiniert ihren Einsatz im Unterricht besonders dort, wo es um Wiederholungen, die Prüfung der Kenntnisse und Vertiefungen geht. „Kreuzworträtsel ermöglichen motivierende und systematische Wiederholungen bzw. Vertiefungen von erarbeiteten Lerninhalten in allen Fächern. Sie verschaffen als Wissensspiel einen Überblick über den fachlichen Kenntnisstand der Lerngruppe, zugleich decken sie aber auch ihre Defizite auf." (Quelle: Hoffmann/Langefeld 2/1997, S. 105.)

Wenn auch vom Lehrer entwickelte und den Schülern vorgegebene Kreuzworträtsel sicher als aktivierendes Element im Unterricht anzusehen sind, so ist doch erst von der eigenständigen Entwicklung von Kreuzworträtseln neben der Förderung und Vertiefung der fachlichen Kompetenz eine kommunikative und kooperative Auseinandersetzung der Schüler mit den jeweiligen Lerninhalten zu erwarten.

Zur Selbsterstellung von Kreuzworträtseln, das heißt zum eigenständigen Entwickeln von Fragen, Antworten und Transferaufgaben durch Schüler wird folgende Vorgehensweise angeregt:

- ▲ In Gruppen werden zu einem behandelten Themenbereich z. B. 20 Fragen als Rätsel erstellt.
- ▲ Es erfolgt ein Austausch der Rätsel. Innerhalb der Gruppen wird das Kreuzworträtsel gelöst.
- ▲ Bei Unklarheiten leistet die Gruppe, die das Kreuzworträtsel erstellt hat, Hilfe.

(Quelle: Hoffmann/Langefeld 2/1997, S. 105.)

Raum für Ihre Notizen:

Das nachfolgende Kreuzworträtselbeispiel bezieht sich auf das volkswirtschaftliche Thema „Wirtschaftliche Grundtatbestände“.

Waagerecht

2. Erklärt das Wirtschaftsleben eines Volkes (Kurzform)
4. Wirtschaftliche Organisationsform
5. Wirkt täglich auf uns ein
9. Wer lebt, hat auch …
12. Produktionsfaktor
13. Güteraustausch, Gewerbezweig
14. Geldinstitut/handelt und verwaltet Geld
15. Erwerbsmäßige Tätigkeit, Beschäftigung
18. Deutung, Aufgabenbereich der Volkswirtschaftslehre
19. Produktionsfaktor
22. Materielle Güter
25. Wer wirtschaftlich handelt, handelt vernünftig, das heißt …

Senkrecht

1. Erklärt das wirtschaftliche Handeln im Bereich
2. Nationale Gemeinschaft, Staatsgemeinschaft
3. Gegenteil von Wahrheit
6. Gegenteil von knapp
7. Zahlungsmittel
8. Dient zur Bedürfnisbefriedigung
10. Bedarf, Gegenteil von Angebot
11. Rohstoff, flüssiges Brennmaterial
16. Erfasst die wirtschaftlichen Vorgänge in Unternehmen (Kurzform)
17. Die meisten Güter sind …
20. Neue europäische Währung
21. Nutzung von Dingen, Konsum
23. Dienstleistungsunternehmen, Beherbergungsbetrieb
24. Rohstoff, festes Brennmaterial

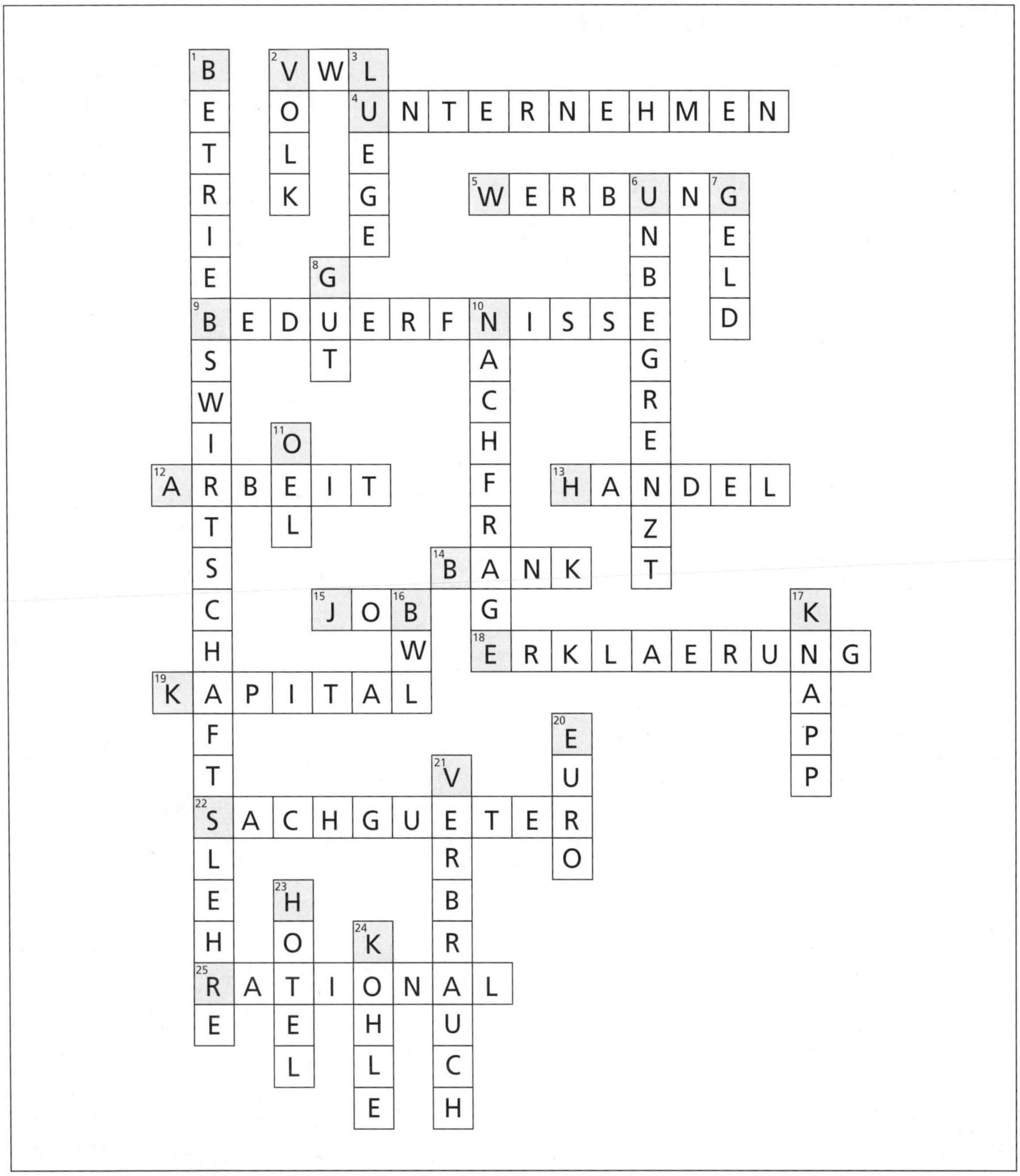

3.9 Recherchen

Ziel einer Recherche ist es, Informationen zusammenzutragen, um einen Sachverhalt zu ermitteln und in einer Berichterstattung darzustellen. Recherchieren können, also Informationen zusammentragen und sie wirtschaftlichem Handeln nutzbar zu machen, gehört zu den unverzichtbaren Kompetenzen im kaufmännischen Feld.

Recherchen können in vielgestaltiger Weise durchgeführt werden. Recherchen können darin bestehen, dass Informationsmaterial zu einem bestimmten Thema z. B. bei hierfür relevanten Personen, Unternehmen, Behörden und Verbänden zusammengetragen wird. Hierzu ist unter Umständen ein postalischer oder telefonischer Kontakt oder ein persönlicher Besuch vor Ort, z. B. in einem Unternehmen, notwendig, um das entsprechende Material zu erfragen und zu erhalten. Der Vorteil hierbei ist die dadurch bewirkte Auseinandersetzung von Schülern mit Personen aus der Praxis und die teilweise Verlagerung von Unterrichtsprozessen in die Praxis.

Vielfältige Informationen können aber auch über das Internet bei den jeweiligen Bereitstellern, z. B. der Autoindustrie, abgerufen werden. Der Vorteil hierbei ist insbesondere im raschen Zugriff auf die Informationen zu sehen.

Der bei vielen Schulen verfügbare Anschluss an das Internet ermöglicht allerdings auch eine schulübergreifende Zusammenarbeit. Da andere Schulen z. B. häufig die gleichen Themen bearbeiten, ist es möglich, per Netz Informationen zum Thema des Unterrichts auszutauschen.

Recherchen können u. a. einhergehen mit Befragungen konkreter Personen (siehe Band 1, S. 57 f.) sowie Erkundungen (siehe Band 1, S. 51 ff.).

Beispiel Recherche: Steuern und Gebühren in der Region

Der Staat kann in einer sozialen Marktwirtschaft seine Aufgaben ohne Zwangsabgaben, die er Haushalt und Unternehmen abverlangt, nicht erfüllen. Dieses Thema soll in Bezug auf das Lebensumfeld der Schüler, die Region, in der sie leben, vertieft werden.

Aufgabe:

Recherchieren Sie in Ihrer Gemeinde- oder Stadtverwaltung die Bedeutung von Steuern und Gebühren für den jeweiligen Jahreshaushalt und tragen Sie Informationen zu notwendigen Anhebungen oder Senkungen der den Bürgern auferlegten Kosten zusammen. Hierzu gilt es, bei den Stadt- oder Gemeindeverwaltungen vorliegende Informationsmaterialien auszuwerten.

Führen Sie darüber hinaus Befragungen mit sachkompetenten Vertretern der jeweiligen Verwaltung durch (siehe Band 1 „Expertenbefragung", S. 97 f.).

Stellen Sie die Ergebnisse Ihrer Recherche in einer Wandzeitung (siehe 3.10 Wandzeitung) zusammen und stellen Sie die Ergebnisse der Befragung in einem Referat dar.

3.10 Wandzeitung

Wandzeitungen werden den Möglichkeiten des schulischen „produktiven Handelns" zugerechnet (Quelle: vgl. Klippert 1991, S. 13), das heißt, ein konkretes Produkt, hier die Wandzeitung, wird durch die am Unterricht Beteiligten erstellt und kann für die nachfolgende Unterrichtsarbeit stets aufs Neue genutzt, aber auch anderen, z. B. der Schulöffentlichkeit, zugänglich gemacht werden.

Die Wandzeitung kann auf einer Tafel mit Magnet- oder Reißzweckenbefestigungsmöglichkeiten für das Dokumentationsmaterial entstehen. Sie kann aber auch auf der Grundlage von Tapeten- oder Packpapierrollen entstehen, die an einer geeigneten Wand des Klassenraumes befestigt werden können. Diese Variante bietet problemlos die Möglichkeit zur Präsentation von Ergebnissen gegenüber Dritten außerhalb des Klassenraumes. In einer Wandzeitung werden u. a. Zeitungs- und Zeitschriftenausschnitte, gedruckte Unterlagen (Behörden- oder Unternehmensinformationen), aber auch Fotos, Grafiken, statistische Darstellungen, Karikaturen und Zeichnungen zusammengetragen und durch erläuternde Texte der Schüler erklärt und in einen sinnhaften Zusammenhang gestellt. Eine ordnende Kategorie kann dabei z. B. der zeitliche Ablauf einer dargestellten Entwicklung (z. B. einer Tarifauseinandersetzung zwischen Arbeitgebern und Arbeitnehmern) sein.

4 Szenario-Methode

4.1 Grundlagen der Arbeit mit Szenarien

Wer konkrete Vorstellungen davon hat, wie sich die Zukunft aufgrund gegenwärtiger Entscheidungen und Tatbestände entwickeln kann, der kann auch sein aktuelles und künftiges sachbezogenes Verhalten darauf ausrichten. Dies verweist methodisch auf die Notwendigkeit der Einbindung von prognostischen Lehr- und Lernstrategien in die Unterrichtspraxis, insbesondere aber die Arbeit mit **Szenarien** als einer wichtigen handlungsorientierten und zukunftserschließenden Vorgehensweise (Quelle: vgl. hierzu auch Peege 1986, S. 168 ff.). „Sie aktiviert bereits vorhandenes Wissen, motiviert die Schüler zu einer aktiven Informationsbeschaffung und zwingt sie durch die Fortschreibung bestehender Aspekte der Gegenwart in die Zukunft, sich ständig nur mit vernetzten Problemsituationen zu beschäftigen" (vgl. Andreas 1998, S. 8). Die Szenariomethode scheint damit eine Möglichkeit zu sein, durch schulische Arbeit den Anforderungen an erfolgreiche Akteure in der Wirtschaftswirklichkeit nahe zu kommen, die G. Höhler wie folgt formuliert:

„Das erreichbare Wissen bietet zwar die Basis, aber nicht den vollständigen Rohstoff für neue Lösungen, wenn Änderungsgeschwindigkeiten zunehmen. Die Umbrüche dieser Jahre erzwingen strukturelle und organisatorische Änderungen großen Stils, sie verlangen strategische Fantasie, die sich nicht aus dem Arsenal der fertigen Lösungen ihren Stoff holen kann. Geistige Bilder des Neuen werden gebraucht, damit das Neue beschrieben und in den Köpfen zum Leben erweckt werden kann. Als ‚virtuelle Wirklichkeit' beflügelt die Vision dann die Handelnden, zu neuen Ufern aufzubrechen, auch wenn im Strom, der sie vom Neuland trennt, noch keine Brückenpfeiler stehen" (Höhler 1996, S. 204).

Die Notwendigkeit, mit Szenarien zu arbeiten, betont auch P. Weinbrenner. Er stellt jedoch nicht in erster Linie auf den daraus resultierenden Nutzen für die Unternehmen ab, sondern darauf, die Schüler, angesichts der Vielzahl der Unsicherheiten und Risiken auf der Schwelle zum Berufsleben und den daraus resultierenden Ängsten, wieder „zukunftsfähig" zu machen (Quelle: vgl. Weinbrenner o. Jg., S. 19 ff.).

Unter der Szenariomethode wird ein unterrichtliches Verfahren verstanden, in dem systematisch alternative Vorstellungen von der Zukunft eines gewählten Gegenstandsbereichs aus der Betriebs- oder Volkswirtschaftslehre entworfen und die Entwicklungsprozesse dahin erläutert werden. Die Szenariomethode trachtet danach, „(...) durch ein zielgerichtetes und strukturiertes methodisches Vorgehen Vorstellungen von der Zukunft zu gewinnen. Dabei werden mehrere alternative qualitative Vorstellungen von der Zukunft und die jeweiligen Entwicklungspfade systematisch entworfen. Ziel der Szenariomethode ist es, konkrete Handlungsoptionen zu gewinnen." (Quelle: Kaiser/Kaminski 1994, S. 204.) Die Szenariomethode bildet eine anspruchsvollere Vorgehensweise im Rahmen des Kanons handlungsorientierter Methoden des Ökonomieunterrichts. Sie ist dann besonders ertragreich, wenn die Schüler bereits über eine Reihe von Erfahrungen in der Gestaltung eigenständiger Lernprozesse verfügen. Besonders hilfreich ist es, wenn die Lernenden u. a. dazu in der Lage sind, ihre zum anstehenden Thema verfügbaren Vorkenntnisse freizusetzen (z. B. durch Brainstorming- und Mindmapping-Techniken), Materialrecherchen zu betreiben, Experten zu befragen, Inhaltsanalysetechniken anzuwenden, in Gruppen projektorientiert zu arbeiten und Ergebnisse ganzheitlich (fallstudienorientiert) zu dokumentieren (Quelle: vgl. hierzu insbesondere Stein/Weitz 1992 [b]; Weitz 1996 [f]).

Szenarien bilden damit Hilfsmittel zur Erkenntnisgewinnung, zur Erklärung gegenwärtigen und künftigen Geschehens sowie zur Entwicklung von Strategien, um positive Entwicklungen zu fördern beziehungsweise negative Entwicklungen zu vermeiden. Szenarien entwerfen künftige Gegebenheiten nicht als Utopie, sondern stets als unter bestimmten zu formulierenden Anforderungen erreichbare Modelle. Damit sind Szenarien darauf ausgerichtet, Handlungsoptionen zu erarbeiten, die für die Zielerreichung als erforderlich angesehen werden. Der besondere Bildungswert der Szenariomethode wird darin gesehen, dass die Lernenden „(...) ein Gespür bekommen für Zukunftsfragen und System- bzw. Zusammenhangwissen, für Abhängigkeiten zwischen Voraussetzungen und Folgerungen, für die Bedeutung von Handlungsfolgen und von Wechselwirkungen zwischen Elementen in einem betrachteten Realitätsausschnitt. Diese Zusammenhänge sind nicht mehr mit eindimensionalem Denken zu bewältigen, sondern verlangen ein Denken in Alternativen" (Quelle: Kaiser/Kaminski 1994, S. 209). Obwohl in Szenarien zumeist ein umfangreiches sachbezogenes Informationspotenzial gesichtet und analysiert werden muss, ist ihre primäre Zielsetzung nicht die Vermittlung von Fachkenntnissen. Es geht vielmehr besonders darum, die so genannten Schlüsselqualifikationen wie z. B. Kommunikationsfähigkeit, analytisches Vorgehen, ganzheitliches und vernetztes Denken, Problemlösefähigkeit und Kreativität bei den Lernenden zu fördern. Von besonderer Bedeutung ist in diesem Zusammenhang für den Lehrenden, dass die Schüler über das ihnen zur Verfügung gestellte Basismaterial hinaus weitere Informationen eigenständig beschaffen müssen. Hierdurch soll eine mehrperspektivische Erkenntnis der Realität unterstützt werden bzw. die unbewusste Übernahme von Positionen (z. B. des Lehrers) vermieden werden (Quelle: vgl. hierzu auch Weitz 1994 [c], S. 111 ff.). Daraus resultiert nicht zuletzt, dass die von den Schülern erarbeiteten Szenarien unter Umständen deutlich abweichen können von den Vorstellungen des Lehrenden. Dies impliziert keineswegs, dass hierbei bloße spekulative Vorgehensweisen in die Unterrichtspraxis Eingang finden. Alle vorliegenden Gestaltungsvorschläge für Szenarien betonen vielmehr die Notwendigkeit systematischer analytischer Arbeit sowie die Erstellung begründeter Entwicklungslinien.

Ausgangspunkt jedes Szenarios ist eine reale Gegenwartssituation, von der aus eine schlüssige Weiterentwicklung der Gegebenheiten auf eine zeitlich konkretisierte Zukunft hinbetrieben wird. Dabei kann in kurzfristige Szenarien (5 bis 10 Jahre), mittelfristige Szenarien (11 bis 20 Jahre) und langfristige Szenarien (über 20 Jahre) unterschieden werden (Quelle: vgl. Weinbrenner o. Jg., S. 17). Es geht aber nicht um die Entwicklung von der Gegenwart losgelöster Utopien (Science-Fiction), sondern um eine begründete Fortschreibung der Gegenwart, die einen hohen Wahrscheinlichkeitsgrad implizieren.

Die Variationsmöglichkeiten von Szenarien werden mithilfe eines Trichters visualisiert, der die Entwicklung von der Gegenwart in die Zukunft grafisch darstellt (Quelle: vgl. Geschka/Hammer 1990, S. 315; König 1988, S. 269).

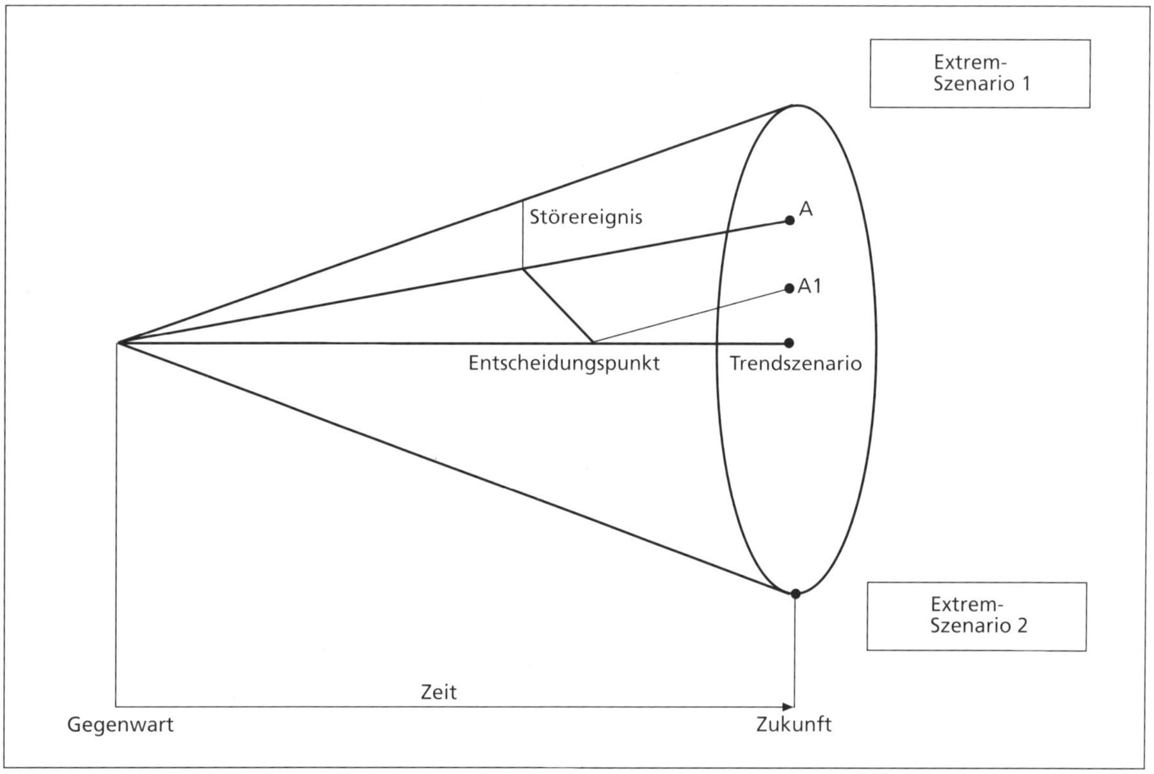

Die Ausgangssituation in der Gegenwart (z. B. Einführung des Euro) „(…) wird als Punkt dargestellt, da sie relativ eindeutig beschreibbar und analysierbar ist. Je mehr Zeit vergeht, desto weniger genau ist die – aus heutiger Sicht – zukünftige Situation eindeutig beschreibbar, weil immer mehr Unwägbarkeiten zu berücksichtigen sind. Die Vielfalt möglicher Entwicklungspfade führt zu einem Bündel alternativer Zukünfte, die sich im Zeitablauf auseinander bewegen. Aus Gründen der Übersichtlichkeit werden diese Entwicklungen in der Erarbeitung von Szenarien in der Regel auf zwei einander gegenüberliegende Extremszenarien beschränkt. Die Extremszenarien beinhalten – jeweils auf eine Problemstellung bezogen – die bestmögliche beziehungsweise schlechtestmögliche Entwicklung, um die Weite und Vielfalt möglicher Zukünfte erfassen zu können und nicht von vornherein mögliche Entwicklungen aus den Überlegungen auszuschließen. Der dem Entwicklungstrend der Vergangenheit entsprechende Zukunftsentwurf wird als Trendszenario bezeichnet und liegt in der Mitte des Trichterquerschnitts.

Auf jede der denkbaren Entwicklungslinien können zu jedem Zeitpunkt Störereignisse einwirken. Diese verändern den Linienverlauf und damit den Entwicklungspfad in die Zukunft und erfordern Gegenmaßnahmen, die an bestimmten, jeweils festzulegenden Entscheidungspunkten ergriffen werden müssen“ (Quelle: Kaiser/Kaminski 1994, S. 207 ff.).

Die Entwicklung von Extremszenarien schließt sinnvollerweise ein, dass davon ausgehend Strategien entwickelt werden, um eine negative Entwicklung zu vermeiden oder eine positive Entwicklung zu fördern.

4.2 Verlaufsstruktur von Szenarien: „Die Zukunft des Euro"

Aus didaktischer Sicht verlangt der Einsatz der Szenario-Methode besonders nach solchen **Inhalten** und **Themen,** die für prognostische Fragestellungen prädestiniert sind. Hierzu zählt das Thema Währungsunion bzw. die Zukunft des Euro. Denn der historisch einmalige Vorgang der Einführung einer europaweiten Währung fordert geradezu dazu heraus, darüber nachzudenken, wie sich die Zukunft mit dem Euro gestalten wird.

Die folgenden Ausführungen sollen Grundlagen und Möglichkeiten der Szenario-Methode darstellen und unterrichtliche Umsetzungshinweise zum Thema „Die Zukunft des Euro" geben.

Der methodische Ablauf von Szenarien im Unterricht erfolgt zumeist in drei Hauptschritten.

(Quelle: vgl. Sandmann 1998, S. 26; Kaiser/Kaminski 1994, S. 210).

- ▲ **Analyse-Phase**
  In dieser Phase vergegenwärtigen sich die Lernenden die Ausgangssituation sowie die darin vorhandenen Wirkzusammenhänge.
- ▲ **Prognose-Phase**
  In dieser Phase werden auf der Basis der Ausgangssituation begründete Annahmen der alternativen Fortentwicklung auf eine definierte Zukunft hin entwickelt.
- ▲ **Synthese-Phase**
  In dieser Phase werden alternative in sich konsistente Zukunftsbilder dargestellt.

Die genannte Grundstruktur des Verlaufs von Szenarien gilt es in der Unterrichtspraxis den jeweiligen Gegebenheiten und Zielen gemäß zu differenzieren.

Die in der nachfolgenden Abbildung dargestellte Verlaufstruktur sowie die Ausführungen zum Ablauf der Szenariomethode lehnen sich an den Ansatz des BATELLE-Instituts e.V. (Frankfurt/M. o.Jg.) sowie die Überlegungen von Kaiser/Kaminski (1994, S. 211 ff.) und Reibnitz (1987; 1991) an. Es gilt vorab festzustellen, dass die dargestellten Schritte nicht als starres Ablaufraster zu verstehen sind, sondern die Möglichkeit zu Rückgriffen und Interaktionen ausdrücklich einbeziehen.

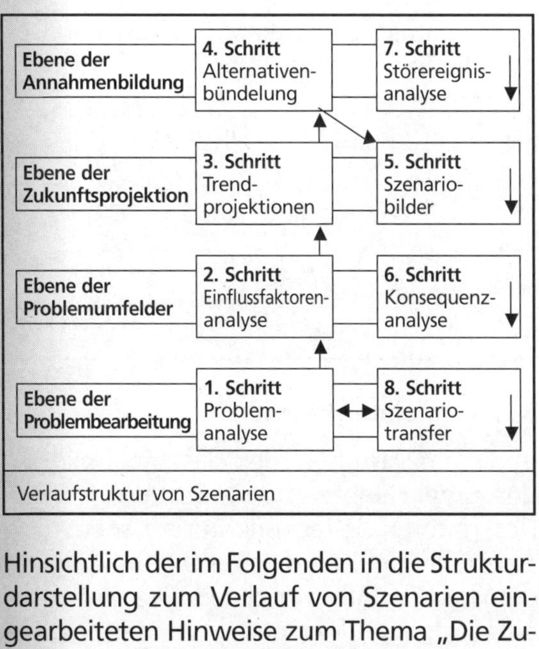

Verlaufstruktur von Szenarien

Hinsichtlich der im Folgenden in die Strukturdarstellung zum Verlauf von Szenarien eingearbeiteten Hinweise zum Thema „Die Zukunft des Euro" gilt es anzumerken, dass es sich dabei lediglich um Ideen und Skizzen des Verfassers handelt. Die konkrete Ausgestaltung der Schritte muss je nach Informationsstruktur und Problemdefinition, Bestimmung der Einflussfaktoren auf den Untersuchungsgegenstand, Analyseansatz, extremszenarische Positionierungen und Gestaltung von Alternativen durch die jeweilige Schülergruppe eine eigenständige Ausprägung haben. Eine dezidiertere Positionierung an dieser Stelle wäre damit eher kontraproduktiv für eine erfolgreiche Unterrichtsarbeit.

1. Problemanalyse

In diesem Schritt werden möglichst vielgestaltige Informationen zum Szenariogegenstand, hier also die Situation bei Einführung des Euro, gesammelt, hinsichtlich der darin aufscheinenden Probleme analysiert und die **aktuelle Situation** beschrieben. An dieser Stelle sollte insbesondere darauf geachtet werden, dass weniger Informationen durch den Lehrenden vorgegeben werden (Problem der selektiven Wahrnehmung), sondern die Lernenden dazu angehalten werden, selbstständig Informationen zum Szenariogegenstand z.B. aus Tageszeitungen, Fachzeitschriften, Fach- und Lehrbüchern und elektronischen Medien (z.B. Internet-Suchmaschinen) zu beschaffen. Dies schult die Kompetenz zur eigenständigen Informationsbeschaffung (Übertragung auf künftige Situationen) und unterstützt die mehrperspektivische Wahrnehmung von Informationen beziehungsweise der ihnen innewohnenden Probleme.

Außerdem wird in diesem Szenarioarbeitsschritt Einigung darüber erzielt, welchem zentralen **Problem** das Szenario folgen soll (z. B. Welche Zukunft hat der Euro?) und der Zeithorizont wird festgelegt (z. B. Der Euro im Jahr 2010).

2. Einflussphase

In diesem Schritt werden wesentliche Einflussfaktoren, die auf den Untersuchungsgegenstand einwirken können, identifiziert, zusammengetragen und untersucht. Im Falle des Euro können dies z. B. folgende Bereiche sein:

- ▲ Veränderungen der Preisstabilität und Konjunkturentwicklung in den gegenwärtigen elf Mitgliedsländern der Europäischen Währungsunion.
- ▲ Entstehung einer Spaltung der bisherigen Europäischen Union, weil zwei sich auseinander entwickelnde Währungsblöcke entstehen.
- ▲ Die Politik der Europäischen Zentralbank (EZB) und ihre Akzeptanz in den Mitgliedsländern.
- ▲ Die Position und Einflusskraft, die der Euro gegenüber den übrigen Weltwährungen einnimmt.
- ▲ Der Euro als künftige Weltwährung.
- ▲ Die politischen Entwicklungen, insbesondere in Deutschland (z. B. Auftreten von Parteien, die für die Abschaffung des Euro plädieren).
- ▲ Die Rückkehr zu nationalen Währungen und die Abschaffung des Euro.
- ▲ Kosten, Probleme und Nutzen eines möglichen Ausstiegs aus der Euro-Währung.

Im Zuge der Feststellung wesentlicher Einflussfaktoren gilt es auch Wechselwirkungen zwischen ihnen und gegebenenfalls daraus resultierende Folgen auf den Untersuchungsgegenstand zu berücksichtigen.

3. Trendprojektionen

In diesem Schritt werden die ermittelten Einflussfaktoren zu so genannten Deskriptoren weiterentwickelt. Darunter sind zu beschreibende Kenngrößen für jeden Einflussfaktor zu verstehen, die zunächst den Ist-Zustand beschreiben, z. B. Darstellung der gegenwärtigen Arbeit und Politik der EZB hinsichtlich des Euro. Dabei werden vorliegende Informationen und Daten genutzt, wobei auf eine möglichst neutrale Darstellung geachtet werden sollte. Vom Ist-Zustand ausgehend werden Trendprojektionen formuliert. Dabei handelt es sich um begründete Annahmen hinsichtlich der künftigen Entwicklung der Deskriptoren. Um im Beispiel zu bleiben, könnten etwa Aussagen von Verantwortlichen der EZB zu ihrer künftigen Arbeit oder Forderungen von Wirtschafts- und Finanzpolitikern an die EZB solche Trendprojekte begründen helfen. Dabei wird deutlich, dass die Projektion der Deskriptoren eventuell auch mehrdeutige Entwicklungen beschreiben müssen. Wenn für Deskriptoren alternative Entwicklungen denkbar sind, werden sie als kritisch bezeichnet.

4. Alternativenbündelung

In diesem Schritt werden die verschiedenen möglichen Zukunftsentwicklungen gebündelt. Dabei gilt es zunächst die mehrdeutigen (kritischen) Deskriptoren daraufhin zu untersuchen, inwieweit sie sich gegenseitig beeinflussen, das heißt verstärken, abschwächen oder neutralisieren. Der nächste Schritt ist der Versuch der Zusammenfassung von logisch zusammengehörigen Deskriptoren zu in sich weitgehend konsistenten, das heißt in sich stimmigen, Annahmebündeln. Diese Annahmebündel werden zumeist deutlich voneinander abweichende Positionen darstellen. Das Ziel sind nach Möglichkeit zwei extreme Positionen, welche die Eckpunkte der positiven und negativen Ausprägung des Szenariotrichters bilden.

Zwei markante Extrempositionen könnten z. B. die folgenden sein:

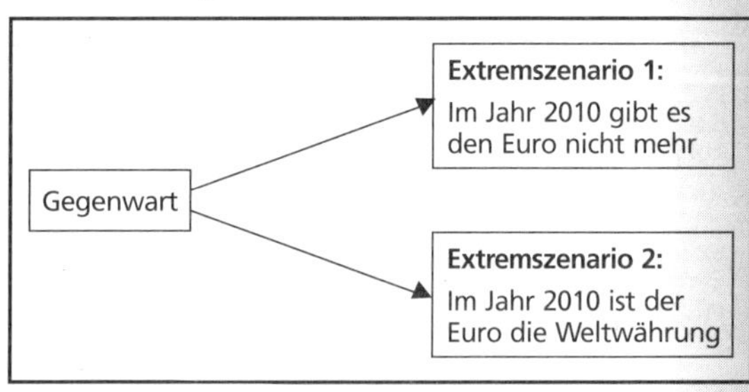

5. Szenariointerpretation

In diesem Schritt werden die Annahmebündel unter Einbeziehung der unkritischen Deskriptoren weiter konkretisiert, sodass nun zwei relativ vollständige Beschreibungen der denkbarer positiver und negativer Zukunftsentwicklungen möglich werden. Diese Beschreibungen werden verschriftlicht und nach Möglichkeit grafisch veranschaulicht, wobei die sprachliche Darstellung durch die Lernenden mit dazu beitragen soll, Abstraktionen zu verringern.

„Hilfreich für die grafische Visualisierung sind z. B. Karteikarten, Pinnwand oder eine Wandzeitung. Hierbei ist zu berücksichtigen, dass nicht der ganze ausformulierte Text, sondern nur Kernaussagen festgehalten werden können" (Quelle: Kaiser/Kaminski 1994, S. 214).

Ausgehend von den beiden Extremszenarien kann auch ein so genanntes Trendszenario, welches quasi den „Mittelweg" der Fortschreibung der Gegenwart in die Zukunft repräsentiert, erstellt werden.

6. Konsequenzanalyse

Aufgabe dieses Schrittes ist es, die möglichen Auswirkungen näher zu betrachten und Ideen zur Lösung zu sammeln, „(...) dazu werden Chancen und Risiken der beiden Zukunftsentwürfe ermittelt, bezüglich ihrer Wichtigkeit bewertet und mit geeigneten Aktivitäten versehen. Ziel dieses Vorgehens ist die frühe Nutzung von Chancen und die Verminderung von Risiken" (Quelle: Sandmann 1998, S. 22). Es geht also noch nicht um eine möglichst detaillierte Planung von Lösungen, sondern um einen hierauf vorbereitenden Schritt, der Vor- und Nachteile der Lösungsansätze bewusst machen soll.

Hinsichtlich des Themas Euro könnten hier z. B. erste „Überlegungen zu einer Geldpolitik der EZB" erarbeitet und in ihren Auswirkungen diskutiert werden.

7. Störereignisanalyse

Jede Zukunftsplanung trägt in sich die Gefahr, dass sie durch künftig auftretende Störereignisse in ihrem Erfolg geschmälert wird oder sogar scheitert. Es ist damit von großer Bedeutung, solche denkbaren Störereignisse zu erkennen, um im Fall ihres Auftretens entsprechend reagieren zu können. Durch die Sichtung der z. B. im Rahmen von Interviews durch Politiker etc. geäußerten Zukunftserwartungen können erste denkbare Störereignisse identifiziert werden. Mithilfe des Brainstormings können weitere zusammengetragen und danach hinsichtlich ihrer Folgen analysiert werden. „Dabei gilt es, Störereignisse nach ihrer Eintrittswahrscheinlichkeit und der Intensität, mit der sie die Szenarien beeinflussen, einzuschätzen. Wesentliche Störereignisse können anschließend in die Szenarien integriert werden, was evtl. eine erneute Szenariointerpretation und Konsequenzanalyse erfordert" (Quelle: Sandmann 1998, S. 22).

Ein gravierendes Störereignis wären z. B. beim Thema Euro Wahlerfolge von Parteien, welche die Abschaffung der Euro-Währung fordern. Zu prüfen wäre hier u. a., ob und möglicherweise wie sich die Politik der unabhängigen EZB hierauf ausrichten kann.

8. Szenariotransfer

Aufgabe des letzten Schrittes ist die Konzeption von möglichen konkreten Aktivitäten im Sinne eines Maßnahmenkatalogs. Hierzu werden Maßnahmen zu einem Konzept zusammengetragen, welche die in den Szenarien, der Konsequenzanalyse und der Analyse der Störereignisse dargelegten gewünschten Entwicklungen zu fördern geeignet sind beziehungsweise unerwünschte Entwicklungen vermeiden helfen. Das Ergebnis könnte ein „Konzept zur stabilitätsorientierten Geldpolitik der EZB" sein. Dieses Konzept könnte z. B. mit Experten aus dem Banken- und Finanzbereich, der Wirtschaftspolitik auf seine Tragfähigkeit hin diskutiert werden.

5 Leittextmethode

5.1 Grundlagen der Arbeit mit Leittexten

„Leittexte können kurzgefasst als schriftliche Arbeitsanleitungen bezeichnet werden, in welchen über die Formulierung von Leitfragen die Bearbeitung wichtiger Lerninhalte strukturiert wird" (Quelle: Bien 1998, S. 50).

Die Leittextmethode entwickelte sich, aus der projektorientierenden Ausbildung der USA kommend, zunächst im gewerblich-technischen Industriebereich. Industrielle Großunternehmen wie Daimler-Benz, Ford, Siemens und Hoesch machten im Rahmen von Modellversuchen erste Erfahrungen. Die Leittextmethode im gewerblich-technischen Bereich zielte dabei darauf ab, es Auszubildenden zu ermöglichen, eigenständig Wissen zu unterschiedlichen, nicht komplexen Arbeiten bzw. Arbeitsgängen im Unternehmen mittels anleitender Fragen und Texte zu erschließen. Dabei war mitgedacht, dass die Auszubildenden diesen Erschließungsprozess nicht losgelöst von den praktischen im Unternehmen zu beobachtenden Tätigkeiten betreiben. Vielmehr sollte der Text in Form von Fragen und Erläuterungen die Jugendlichen dazu anregen, sie „vor Ort" zu klären. Die Weitergabe der Fragen an Mitarbeiter, die mit der jeweiligen Arbeit bzw. dem Arbeitsgang befasst waren, ist dabei wesentliches methodisches Element (Quelle: vgl. hierzu u. a. BiBB 1987; Lapke/Paul-Kohlhoff 1987; Koch 1986).

In die kaufmännische Ausbildung der Betriebe und die ökonomische Bildung findet die Leittextmethode nur langsam Eingang (Quelle: vgl. hierzu auch Bauer 1991; Bien 1998), was u. a. auf die geringe Anschaulichkeit kaufmännischen Geschehens, aber auch auf die steigenden Anforderungen an die Lehrenden zurückgeführt wird (Quelle: vgl. Bien 1998, S. 50).

In der betrieblichen Berufsausbildung sollen die Leittexte dazu anregen, sich die für die Arbeit in den Abteilungen notwendigen Kenntnisse anzueignen und darüber hinaus auch die betrieblichen Zusammenhänge besser zu verstehen (Quelle: vgl. Bien 1998, S. 50). Es handelt sich dabei also vorwiegend um tätigkeitsorientierte Leittexte, die konkret an ausführenden Tätigkeiten orientiert sind. Dabei kommt es weniger darauf an, dass der Auszubildende alle relevanten Tätigkeiten auch tatsächlich durchführt. Es geht vielmehr darum, sich über alle Tätigkeitsbereiche und die in diesem durchzuführenden Handlungsvollzüge ein repräsentatives Abbild zu verschaffen.

Im unterrichtlichen Bereich steht weitgehend selbstständig die Auseinandersetzung der Schüler mit vom Lehrer bereitgestellten Informationsquellen zur Lösung bestimmter Aufgaben und Problemstellungen mittels „leitender Texte" im Vordergrund.

Die Kernpunkte der Leittextmethode im Unterricht formulieren Hoffmann/Langefeld (2/1997) wie folgt:

„1. Die Förderung eines selbstständigen, vom Lernenden weitgehend selbst gesteuerten Lernprozesses; d. h., Leittexte
   - ▲ helfen, eigene Kenntnislücken und Fertigkeitsdefizite zu erkennen;
   - ▲ erleichtern den Zugang zu umfassenden Kenntnisquellen (Fachbüchern, Vorschriften usw.);
   - ▲ ermöglichen, individuelle Lern-, Vorgehens- und Verhaltensstile bei der Planung und Durchführung einer Aufgabe einzubringen;
   - ▲ bilden eine gute Grundlage für kooperative Sozialformen im Unterricht;
   - ▲ ermöglichen eine Selbstbestimmung des Lerntempos ...
2. Die systematische Anleitung zum Lernen entspricht in ihrer Struktur einer vollständigen Arbeitshandlung mit den Schritten Planung, Durchführung und Kontrolle.
3. Die Leittexte strukturieren die Bearbeitung einer Aufgabe und stellen sicher, dass benötigte Informationen zur Verfügung stehen.
4. Die Lerninhalte sind bestimmt durch die Arbeitsaufgabe. An die Stelle einer Fachsystematik tritt eine Handlungssystematik.
5. Die Hauptaufgabe des Lehrers besteht in der individuellen Betreuung der Schüler bei Schwierigkeiten ..."

(Quelle: Hoffmann/Langefeld, 2/1997, S. 64.)

Das grundlegende Prinzip der Leittextmethode wird von W. H. Peterssen (1997, S. 125) formuliert: „Wer Selbstständigkeit will, muss Selbstständigkeit gewähren!" Dementsprechend muss der Lehrer die Leittexte so planen und vorbereiten, „(...) dass die Lernenden die spezifischen Aktivitäten möglichst selbstständig vollziehen können, also nicht *Wie informiere ich die Lernenden,* sondern *Wie können sich die Lernenden selbstständig über die Arbeitsaufgabe informieren? Was muss dazu bereitgestellt werden?* usw. Auf diese Weise wird neben der fachlichen (berufsspezifische Kenntnisse und Fertigkeiten) zugleich Methodenkompetenz gefördert, indem Lernende sich so selbstständig wie möglich Informationen beschaffen müssen." (Quelle: Peterssen 1997, S. 125; vgl. hierzu auch Peege 1986, S. 168 ff.)

Der Phasenablauf des Leittexteinsatzes wird von G. Pancratz (1993 [b], S. 15) idealtypisch wie folgt dargestellt: „Ausgangspunkt des möglichst auf allen Stufen kooperativen Lernprozesses ist die Information der Lernenden über die berufliche Aufgabenstellung (1). Sie erstellen selbstständig einen Problemlösungsplan (2), entscheiden sich für eine Durchführungsalternative (3), setzen ihren Plan praktisch in die Tat um (4), kontrollieren zunächst selbst (5), dann zusammen mit dem Lehrer/Ausbilder (6) das Ergebnis. Es liegt insofern ein geschlossener Kreis vor, als dass die Auswertungsergebnisse neue Erkenntnisse liefern und zu weiteren Problemstellungen führen. Nicht bei jeder Bearbeitung von Leittexten wird sich jede einzelne Phase deutlich von den benachbarten Phasen unterscheiden lassen."

Hinsichtlich der konkreten Vorgehensweise zur Erarbeitung und Gestaltung eines Leittextes durch den Lehrer schlagen Hoffmann/Langefeld (2/1997, S. 64) sowie Höpfner u. a. (1991, S. 50) folgendes Verfahren vor:

- Die Lehrerin bzw. der Lehrer legt die Aufgabenstellung fest.
- Durch Ermittlung der Tätigkeiten, der Vorkenntnisse und der Kenntnisse von Schülerinnen und Schülern und durch die Zusammenstellung der Informationsquellen werden die Leitfragen zu der Aufgabenstellung erstellt.

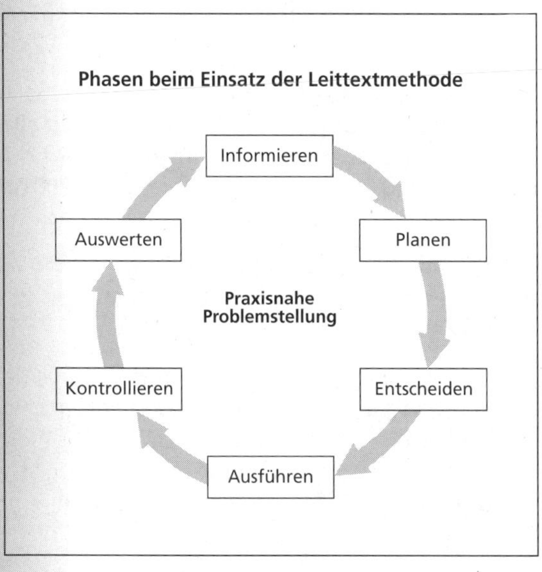

(Quelle: Pancratz 1993 [b], S. 16.)

Tätigkeiten	Kenntnisse	Informationen	Leitfragen
tun denken erkennen entscheiden	Fachkenntnisse Regeln Gesetzmäßigkeiten Vorschriften Gesetze Bilder im Kopf	Lehrbücher Handbücher Tabellenbücher Betriebsanleitungen Technische Dokumentationen Zeichnungen Schaltpläne	Fragen Erklärungen Unterscheidungen Formularanträge
um gestellte Aufgaben zu lösen fachgerecht	die Kenntnisse zu erarbeiten, die notwendig sind,	aus den Informationsgrundlagen	Die Leitfragen leiten dazu an

(Quelle: Höpfner u. a. 1991, S. 50. In: Hoffmann/Langefeld S. 64.)

5.2 Leittext: Standortwahl[1]

Situationsbeschreibung

Der nachfolgende Leittext bezieht sich auf eine Produktionsstandortsuche in Ostwestfalen-Lippe (Nordrhein-Westfalen). Soweit die regionalen Gegebenheiten (allgemeine Standortfaktoren) nicht den nachfolgenden Standortbeschreibungen entnommen werden können, müssen solche Informationen telefonisch, per Internet oder postalisch gewonnen werden.

Aufgabenstellung:

Versetzen Sie sich in die Situation eines leitenden Mitarbeiters der Meyer GmbH. Sie erhalten den Auftrag, für das Unternehmen einen zweiten Produktionsstandort zu suchen und Ihre Standortwahl eingehend zu begründen.

Unternehmensinformationen:

Ihr Unternehmen, die Meyer GmbH aus Lippstadt (Nordrhein-Westfalen), ist ein Metall verarbeitender Zuliefererbetrieb der Möbelindustrie. Derzeit sind 15 Mitarbeiter dort beschäftigt. Es wird ein Jahresumsatz von 1,5 Millionen EUR erzielt. Die Unternehmensphilosophie lautet: Flexibilität!! Biegsam, wendig und anpassungsfähig soll die Produktion sich an den Abnehmern orientieren. Finanziell steht das Unternehmen auf sicheren Füßen.

Das Unternehmen produziert Auszugssysteme für Schubkästen, die in der Möbelindustrie eingesetzt werden. Es gibt sechs verschiedene

[1] Leittext basiert auf der Fallstudie: „Die Meyer GmbH sucht einen neuen Unternehmensstandort" von Wigge, A. u. a. In: Weitz 1994 (b), S. 11 ff.

Grundtypen, die durch leichte Variationen 400 unterschiedliche Produkte ergeben.

Der Absatzmarkt beschränkt sich auf den regionalen Bereich Ostwestfalen-Lippe (in Nordrhein-Westfalen), der für seine Möbelindustrie bekannt ist. Bedeutsame Möbelfabrikanten, die beliefert werden, sitzen in Wiedenbrück, Gütersloh, Westenholz, Delbrück und der Hauptabnehmer in Mastholte.

Das Rohmaterial für die Fertigung von Auszugssystemen besteht bei der Firma Meyer aus verzinktem Spaltband, das auf ca. 200 kg schweren Rollen von ca. 1,5 Meter Durchmesser per Lkw aus Duisburg angeliefert wird. Durch die Verwendung unterschiedlicher Stärken und Breiten dieses Spaltbandes ist es möglich, fast alle benötigten Bestandteile der Möbelauszüge aus einem Metall zu produzieren.

Da die Firma seit 1961 besteht und nur 1 km von der Kernstadt entfernt liegt, ist eine Erweiterung der Firmengebäude auf dem gleichen Grundstück aufgrund der umliegenden Ansiedlungen nicht möglich. Außerdem bestehen Lärmauflagen und eine eingeschränkte Stromversorgung.

Aus Gründen der Unternehmensüberbelastung im letzten Jahr wurde die Produktion von zwei Grundtypen an eine ortsansässige Fremdfirma, die Rasch GmbH, vergeben. Zwar war eine enge Zusammenarbeit gewährleistet (Material und Informationsaustausch), dennoch konnte die Fremdfirma die Produkte nicht immer termingerecht liefern.

Aus diesen Gründen hat sich die Meyer GmbH dazu entschlossen, einen zweiten Standort für ihre Produktion zu suchen.

Wichtige allgemeine Standortfaktoren:

- ▲ Transportkosten der Produkte
- ▲ Transportsektor (Speditionsunternehmen, Nähe eines Seehafens)
- ▲ Verkehrslage des Grundstücks (Verbindungen zum Personen- und Güterverkehrsnetz)
- ▲ Grundstückskosten (einschließlich Erschließungskosten)
- ▲ Grundstück (Lage, Form, Bodenbeschaffenheit, Bebauungsvorschriften, Umgebungseinflüsse, Ausdehnungsmöglichkeiten)
- ▲ Kosten der Errichtung der Gebäude
- ▲ Standortabhängige Finanzierungskosten
- ▲ Grund- und Gewerbesteuer
- ▲ Regionale Förderungsmaßnahmen der öffentlichen Hand
- ▲ Personalkosten (regionales Lohnniveau)
- ▲ Arbeitskräftebeschaffung (Bevölkerungsstruktur und -ausbildung, Arbeitskraftreserven, Konkurrenz auf dem Arbeitsmarkt)
- ▲ Beschaffungskosten der Materialien
- ▲ Absatzbereich (Konkurrenz)

Potenzielle Unternehmensstandorte:

Eine Vorwahl potenzieller Unternehmensstandorte hat drei Möglichkeiten zur Disposition gestellt.

Potenzieller Standort 1:

33449 Langenberg (Kreis Gütersloh), Industriegebiet Nord

Die Stadt Langenberg ist im Begriff, dieses neue Industriegebiet innerhalb der nächsten vier Monate komplett zu erschließen. Geworben wurde durch die Stadt mit einer für die Region vergleichbar niedrigen Gewerbesteuer und der Übernahme der Erschließungskosten der Grundstücke, aber auch mit der unmittelbaren Nähe zur Bundesstraße 55 mit einer 10 km entfernten Anbindung an die Autobahn (A 2).

Die erste Ausschreibung brachte eine große Resonanz der Gewerbetreibenden, auf die allerdings mit Bebauungsvorschriften (z. B. Produktions- und Lagerhallen nicht größer als 800 qm) belegten Grundstücke (1 500 qm).

Die Finanzierung der Zweigwerkgründung von insgesamt ca. 0,8 Mio. EUR könnte zu 40 % durch unsere Banken erfolgen.

Dieser Standort liegt im Zentrum unseres derzeitigen Kundenkreises und 6 km entfernt von unserem Hauptkunden in 33397 Rietberg-Mastholte. Hinzu kommt noch die relative Nähe (18 km) zu unserem Stammsitz in Lippstadt.

Unsere Lieferanten, insbesondere Klöckner Werke AG Duisburg, werden uns auch weiterhin termingerecht und zu annähernd gleichen Konditionen wie heute schon beliefern können.

Potenzieller Standort 2:

47226 Duisburg, Industriestraße

Auf diesen Standort sind wir durch die Klöckner AG aufmerksam gemacht worden. Ein Kunde der AG, der in der gleichen Branche wie wir tätig ist, musste sich vergrößern und machte ein neues Zweigwerk in der Nähe von Rotterdam auf.

Der uns angebotene Standort befindet sich in unmittelbarer Nähe zu den Klöckner Werken mit einem Eisenbahnanschluss. Der Duisburger Hafen liegt ca. 2 km entfernt mit Anbindung an die ganze Welt. Des Weiteren liegt ein gut ausgebautes Autobahnnetz vor. Ein Grundstück von 2 000 qm und eine Produktionshalle von 1 300 qm (zusammen 1,1 Mio. EUR) ist vom Voreigentümer bereits vorhanden.

Mit diesem Standort würden wir eine zentrale Stellung innerhalb unseres Lieferantenkreises einnehmen. An qualifizierten Arbeitskräften fehlt es ebenfalls nicht, wie uns das Arbeitsamt Duisburg bestätigte. Allerdings wurde uns auch mitgeteilt, dass das Lohnniveau um ca. 10 % höher als im Raum Gütersloh oder Lippstadt liegt.

Potenzieller Standort 3:

59558 Lippstadt, Gewerbegebiet Weberstraße

Dieses Grundstück (1 300 qm, 15 km Entfernung zur A 44) stammt aus der Konkursmasse eines Unternehmens der autozuliefernden Kleinindustrie. Es wurde uns von unserer Hausbank zu 50 % des Verkehrswertes angeboten.

Eine Halle (400 qm) und ein Bürogebäude (50 qm) sind zwar bereits vorhanden, jedoch ist ein Umbau innerhalb dieser Gebäude notwendig, um es an unsere derzeitigen Bedürfnisse anzupassen. Alles in allem würde uns dieses Objekt, so wie wir es im Moment benötigen, 0,6 Mio. EUR kosten. Dieser Standort ist etwa 3 km von unserem Stammsitz entfernt.

Bei der Betreuung und Belieferung unserer Kunden (Entfernung im Durchschnitt 20 km) wird sich nichts zu den heutigen Verhältnissen ändern.

Unsere Zulieferer können uns allerdings wesentlich leichter erreichen, da sie nicht mehr in den Innenstadtbereich von Lippstadt zu fahren brauchen.

Leitfragen

- ▲ Welche Auswirkungen muss die Unternehmensphilosophie der Meyer GmbH auf die Standortauswahl haben? Formulieren Sie die Unternehmensphilosophie in Stichpunkten als Auswahlkriterium für die Standortauswahl.
- ▲ Verschaffen Sie sich Klarheit über die wesentlichen produktionstechnischen Anforderungen an einen neuen Unternehmensstandort aufgrund der vorliegenden Unternehmensinformationen und formulieren Sie diese in Stichworten zu Auswahlkriterien.
- ▲ Verschaffen Sie sich Klarheit über die wesentlichen kaufmännischen Anforderungen an einen neuen Standort aufgrund der vorliegenden Unternehmensinformationen und der Zusammenstellung wichtiger allgemeiner Standortfaktoren und formulieren Sie diese in Stichworten zu Auswahlkriterien.
- ▲ Prüfen Sie, ob soziale und ökonomische Aspekte bei der Standortwahl besondere Berücksichtigung finden sollten und formulieren Sie diese in Stichworten zu Auswahlkriterien.
- ▲ Hinsichtlich der Bearbeitung von (2), (3) und (4) sollten Sie die Fachinformationen aus der Betriebswirtschaftslehre (Schulbuch, Fachzeitschriften, etc.), aber auch in der Praxis vorfindliche Informationen (z. B. von Industrie- und Handelskammer, Stadt- und Gemeindeverwaltung und Arbeitsamt) einholen. Nutzen Sie hierzu u. a. die telefonischen und postalischen Informationswege, aber auch das Internet und die direkte Befragung.
- ▲ Stellen Sie die gefundenen Auswahlkriterien in einer Liste zusammen und bringen Sie die Kriterien in eine begründete Rangfolge.
- ▲ Sichten Sie die in der Vorauswahl gefundenen potenziellen neuen Unternehmensstandorte auf der Basis Ihrer Auswahlkriterien.
- ▲ Entscheiden Sie sich für einen Unternehmensstandort und begründen Sie Ihre Entscheidung in einer Tischvorlage.

6 Zukunftswerkstatt

6.1 Grundlagen der Arbeit mit Zukunftswerkstätten

„Die Zukunft geht uns alle an!" – Auf dieser Basis entstanden in der Studentenbewegung Ende der 60er-Jahre Bewegungen, die zum generellen Ziel „eine Demokratisierung aller gesellschaftlichen Lebensbereiche" haben (Quelle: vgl. Weinbrenner 1988, S. 530). „Zukunftswerkstätten sind Zusammenkünfte von Menschen, die in Sorge um die Zukunft der Erde und das Überleben der Menschheit bemüht sind, wünschbare mögliche, aber auch vorläufig unmögliche Zukünfte zu entwerfen und deren Durchsetzungsmöglichkeiten zu prüfen." (Quelle: Weinbrenner/Häcker 1991, S. 115.) Um die bestehenden Missstände zu beseitigen, versuchte man mithilfe von Zukunftswerkstätten nach Alternativen zu suchen und diese umzusetzen. Mit der Idee der Zukunftswerkstatt kann nicht zuletzt Robert Jungk (6/1997) verbunden werden, der sich als Zukunftsforscher mit einer sozialkritischen, humanistischen, basisdemokratischen und ökologisch orientierten Zukunftsgestaltung beschäftigt. Die Zukunftswerkstatt ist eine Methode, die sich von den traditionellen Lern- und Vermittlungsformen der Schule stark unterscheidet. Viele der didaktischen Prinzipien finden hier ihre Anwendung, z. B. Problemorientierung, Handlungsorientierung, Selbstorientierung, wie auch die Zielstellungen deutlich machen.

Neben dem Ziel, dass Zukunftswerkstätten basisdemokratisch sein sollen, sie sich als „Demokratisierungsinstrument" verstehen, werden u. a. genannt:

- *„Zukunftswerkstätten sind integrativ,* d. h., sie versuchen eine Aufhebung des Gegensatzes von Experten und Laien, Herrschenden und Beherrschten, (...).
- *Zukunftswerkstätten sind ganzheitlich,* d. h., sie versuchen eine Integration von Selbst- und Gesellschaftsveränderung, Rationalität und Intuition, Intellektualität und Spiritualität sowie Kognition und Emotion.
- *Zukunftswerkstätten sind kreativ,* (...).
- *Zukunftswerkstätten sind kommunikativ,* (...).
- *Zukunftswerkstätten sind provokativ,* (...)."

(Quelle: Jungk/Müllert. In: Weinbrenner 1988, S. 531.)

Der Lehrer selbst tritt aus seiner zentralen Rolle als Experte und alles Wissender zurück, sodass Zukunftswerkstätten die Teilnehmer in stärkerem Maße ansprechen und sie auch verändern können. Durch die Begegnung innerhalb einer solchen Werkstatt sprechen und arbeiten Teilnehmer aus unterschiedlichsten Erfahrungs- und Lebensbereichen miteinander. Sie erörtern gemeinsam Probleme, lernen sich dabei besser kennen und verstehen, der Einzelne steht nicht mehr für sich allein, sondern ist in die Gruppe integriert. Gleichzeitig werden tiefer gehende Auseinandersetzungen mit diesen Problemen gefördert, die Fantasie und das „Aktivwerden" auch außerhalb der Werkstatt werden angeregt (Quelle: vgl. Jungk/Müllert 1997, S. 144 f.).

Zu den äußeren Rahmenbedingungen einer Zukunftswerkstatt sind einige Regeln zu nennen, die bei der Durchführung einer solchen eingehalten werden sollten, um eine angemessene und lockere Arbeitsatmosphäre zu schaffen.

Um eine Zukunftswerkstatt durchführen zu können, sollte genügend Zeit vorhanden sein, so zum Beispiel könnte eine Projektwoche in der Schule genutzt werden, oder man trifft sich an zwei bis drei Tagen (ganztägig) bzw. nutzt Blockunterricht. Zudem sollte ausreichend Platz vorhanden sein, damit etwa 20 bis 25 Teilnehmer arbeiten und benötigte Materialien und auch erarbeitete Poster, Wandzeitungen etc. aufgestellt werden können. Um Poster zu erstellen und andere Beiträge sowie die einzelnen Arbeitsschritte, z. B. Brainstorming, visualisieren zu können, werden Karten, Bunt- oder Filzstifte, Bleistifte, große Papierbögen, Nadeln, Klebestifte, eventuell Magnete und Pinnwände, auch Zeichen- und Bastelmaterial nötig. Für Materialien zur Einführung in das Thema der Zukunftswerkstatt können Kassettenrecorder und Videorecorder eingesetzt werden, welche gleichzeitig z. B. zur Auflockerung in den Pausen dienen können.

Während der Gespräche und Diskussionsrunden wird empfohlen, die Gedanken und Beiträge der einzelnen Teilnehmer schriftlich festzuhalten, also zu visualisieren, damit man die Arbeitsschritte innerhalb der Werkstatt gut nachvollziehen kann und außerdem ein guter Anschluss an bereits Besprochenes und Ausgearbeitetes gefunden werden kann, falls zwischen den Werkstatttagen längere Pausen liegen. Die Diskussionsbeiträge der Teilnehmer sollten kurz und prägnant sein, damit alle etwas sagen können, ohne dass die Zeit zu lange wird.

Bei der bereits angesprochenen Visualisierung der erarbeitenden Werkstattinhalte sollte darauf geachtet werden, dass Texte in Wandzeitungen groß genug geschrieben werden, und allgemein die Stichpunkte auf den Karten und Postern bzw. Wandzeitungen kurz gehalten sind und nicht zu viel auf einem Blatt steht, um den Überblick über das Geschriebene nicht zu verlieren (vgl. hierzu auch Gnielczyk/Stange 1997, S. 9–11).

[1] Auf der Basis eines unveröffentlichten Manuskripts von A. Lorenz: Zukunftswerkstatt. Martin-Luther-Universität Halle/Wittenberg. Halle 1999.

Phasenaufbau einer Zukunftswerkstatt[1]

Zukunftswerkstätten bestehen aus drei Hauptphasen: der Kritikphase, der Fantasiephase und der Verwirklichungsphase. Je nach Sichtweise können dazu noch eine Vorbereitungs- und eine Nachbereitungsphase hinzugefügt werden.

Während dieser Phasen werden nach Jungk und Müllert „(...) am Lösungsprozess beide Pole menschlichen Denkens und Handelns, Logik/Vernunft und Emotionalität/Intuition, beteiligt" (Quelle: Jungk/Müllert 1997, S. 219).

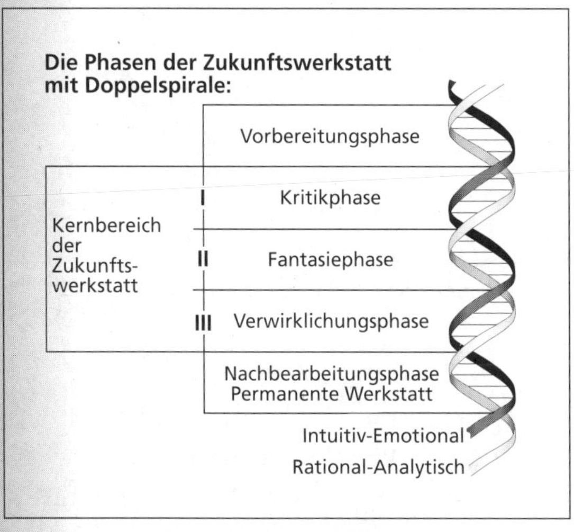

(Quelle: Jungk/Müllert 1997, S. 221.)

1. Vorbereitungsphase

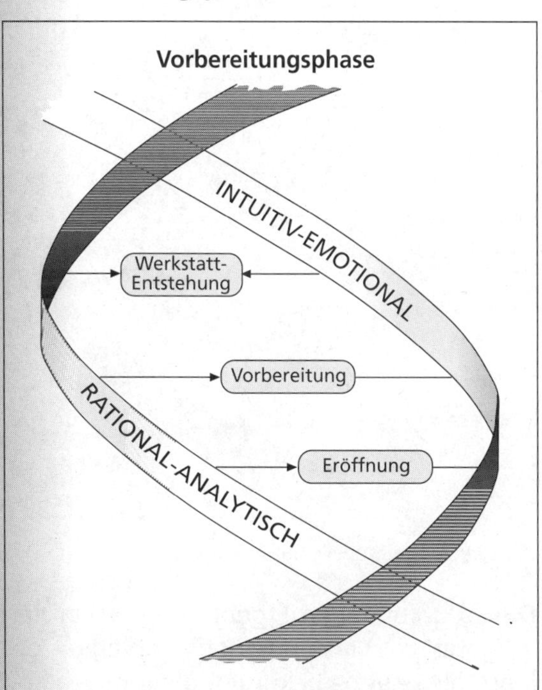

(Quelle: Jungk/Müllert 1997, S. 222.)

Die Entstehung einer Zukunftswerkstatt kann sich aus Problemen ergeben, zu denen Betroffene oder Interessierte versuchen eine Lösung zu finden. Um eine Werkstatt durchzuführen, sollte man sich überlegen, welche Personen oder Gruppen angesprochen werden.

Zur Vorbereitung gehört erstens die Werkstattankündigung, in der das jeweilige Thema kurz dargestellt und Ort, Zeit und Dauer der Werkstatt festgelegt werden. Auch sollte man sich über etwaige Kostenbeteiligung der Teilnehmer Gedanken machen, so z. B. über das Mitbringen von Stiften, Papier, Klebstiften und Verpflegung.

Zweitens sind geeignete Räume zu besorgen, wobei darauf zu achten ist, dass Stühle und Tische variiert aufgestellt werden können, dass Wandflächen, Pinnwände und Tafeln zur Verfügung stehen und insgesamt in den zur Verfügung stehenden Räumen eine ruhige, angenehme und einladende Atmosphäre vorhanden ist.

Für die Teilnehmer sollten weiterhin Erholungsmöglichkeiten zur Verfügung stehen, z. B. Verpflegung (auch durch Teilnehmer selbst gestaltet), Ausruhmöglichkeiten, Musik etc.

Wichtig für die Vorbereitung sind letztens die Materialien, die für die Zukunftswerkstatt benötigt werden (siehe oben).

In der Eröffnung der Werkstatt werden Hintergründe, Anlass und Anliegen der Zusammenkunft erläutert und die Teilnehmer auf die Arbeit eingestimmt. Ihnen werden die Vorgehensweise, Phasen und Ziele der Werkstatt erklärt und die darin angewandten Arbeitstechniken vermittelt, z. B. die schriftliche Fixierung der eingebrachten Gedanken. Die Teilnehmer stellen sich kurz vor.

2. Kritikphase

Das Problem der Zukunftswerkstatt wird noch einmal genannt und anschließend werden im Brainstorming-Verfahren (siehe Kapitel 3) Kritikstichworte nach Fragen der Art *Was stört uns? Womit sind wir nicht einverstanden?* zum Thema gesammelt. Aus den aufgezeichneten Stichpunkten wählen die Teilnehmer die für sie interessantesten z. B. durch Punktvergabe aus. Die ausgewählten

[1] Die Ausführungen zum Phasenaufbau von Zukunftswerkstätten orientieren sich an: Jungk, R./Müllert, N. R.: Zukunftswerkstätten. Mit Phantasie gegen Routine und Resignation. 6. Auflage. München 1997, S. 219–229.

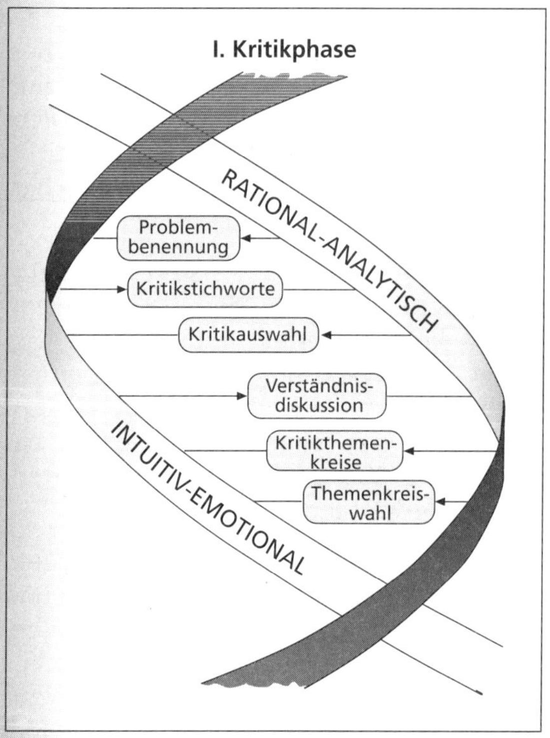

(Quelle: Jungk/Müllert 1997, S. 224.)

Schwerpunkte werden nun in einer Diskussion genauer bestimmt, erläutert und durch Beispiele belegt. Anschließend versucht die Werkstatt die gefundenen Schwerpunkte durch Subsumieren unter Oberbegriffe und Bildung von Themenkreisen zu strukturieren. Eine Aufteilung der Gruppe in Arbeitskreise ist möglich und kann die Leistung der Werkstatt erhöhen.

Nach der Auswahl der weiter zu verfolgenden Themenkreise beginnt nun die

3. Fantasiephase

Am Anfang steht die positive Umformulierung der gefundenen Kritikthemen: Aus *Was stört uns?* wird *Was wünschen wir uns?* Diese stellen nun das Ziel der Werkstatt und werden groß angeschrieben.

Wichtig für die folgende Arbeit ist die Schaffung einer Atmosphäre, welche die Fantasie anregt, Spaß fördert und frei von Konkurrenz ist.

Durch Brainstorming (Entwürfe, Lösungen, Fantasien, Ideale zu den Schwerpunkten) und nachfolgende Punktvergabe und Strukturierung entstehen so aus Kritikschwerpunkten Fantasieschwerpunkte. Faszinierende, neue, originelle Ideen, Vorschläge, Thesen und Fantasien werden festgehalten.

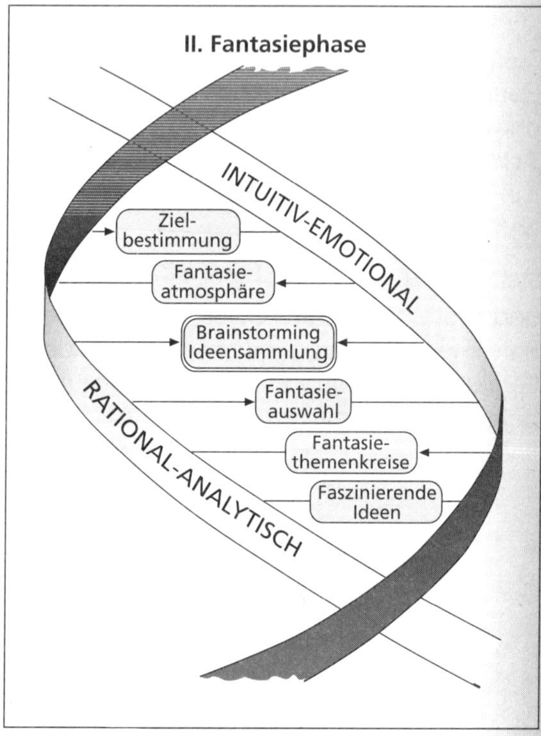

(Quelle: Jungk/Müllert 1997, S. 226.)

4. Verwirklichungsphase

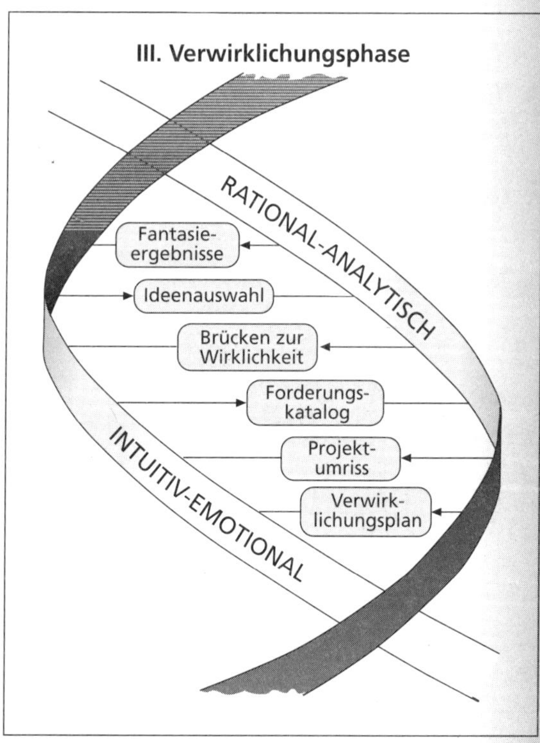

(Quelle: Jungk/Müllert, 1997, S. 228.)

Die so gefundenen Ergebnisse werden nun vorgestellt, Verständigungsprobleme geklärt, die Gruppe bekommt die Möglichkeit, diese zu ergänzen, zu kommentieren und zu bewerten (Punktvergabe). Wichtig für die Auswahl ist auch der Bezug zur realen Umwelt, die Suche von bereits bestehenden Ansätzen etc.

Nachdem sich die Gruppe für einige Ideen entschieden hat, stellt sie einen Katalog an notwendigen Forderungen zu deren Realisierung auf. Für diese Forderungen muss nun jeweils ein Projekt zur Verwirklichung umrissen werden. Aufgaben und Ziele werden konkretisiert, zukünftige Arbeit organisiert, die Suche nach Partnern geplant. Am erfolgreichen Ende steht ein vorläufiger Verwirklichungsplan.

In dieser Phase spielt der Zeitfaktor eine bedeutende Rolle. Die Erstellung eines vollständigen Verwirklichungsplanes verlangt noch dazu bei komplexen Lösungsansätzen die Arbeit einer permanenten Werkstatt. Teillösungen und Planfragmente können aber die Arbeit in dieser Phase hinreichend demonstrieren.

5. Nachbereitungsphase

In dieser Phase werden die Arbeit der Werkstatt eingeschätzt, die Ergebnisse an den Zielsetzungen und den realen Bedingungen gemessen und eine weiterführende oder permanente Werkstatt geplant.

6.2 Zwei Beispiele

Situationsbeschreibungen

Grundlegendes Element der Zukunftswerkstatt ist die freie und kreative Entfaltung aller Beteiligten. Eine vorgegebene Strukturierung durch einen „Leiter" umfasst nur die Stellung des Themas, Organisation und Moderation (alles auch durch Teilnehmer möglich). Verlauf und Ergebnis einer Werkstatt sind demzufolge nicht vorhersehbar – freie Entfaltung der Teilnehmer heißt also freie Entwicklung der Werkstatt. Ein Beispiel umfasst somit nur eine mögliche Entwicklung von vielen.

Die Einsatzmöglichkeiten der beiden nachfolgenden Beispiele für Zukunftswerkstätten werden vor allem in den vollzeitschulischen Bildungsgängen der kaufmännischen berufsbildenden Schulen und in den allgemein bildenden Schulen sowie im berufswahlvorbereitenden Unterricht an allgemein bildenden Schulen gesehen.

1. Ein neuer Schulhof muss her!

Ankündigung

- Zielgruppe: Berufsgrundbildungsjahr, Höhere Handelsschule etc.
- Ausschreibung der Werkstatt am schwarzen Brett, Beschränkung auf maximal 25 Personen pro Sitzung, Einschreibung interessierter Schüler, Bekanntgabe von Zeit und Ort der ersten Sitzung (vor der Projektwoche)
- Klassenraum bereitstellen (Tische, Stühle, Tafel, Kreide) mit Blick auf Schulhof
- Möglichkeit zur klassenstufenübergreifenden Beteiligung schaffen (Absprachen der Kollegen)
- maßstabsgetreue Schulhofskizze für Teilnehmer und groß für Tafel/Wand (Ergebnisvisualisierung)

Erste Sitzung

- Problemstellung: Umgestaltung und Erneuerung des Schulhofes bei geringem Kostenaufwand und mit Beteiligung der Schüler
- Vorstellung der beteiligten Schüler
- Festlegen der Arbeitszeiten der Werkstatt (z. B. 4 Stunden am Tag) und des Zeitrahmens zur Projekterstellung (Projektwoche)

Kritikphase

- erneute Problemstellung
- Begehung des Schulhofes
- Bestandsaufnahme: Was gefällt uns nicht? (Tafelanschrieb)
- Betonfläche
- kaum Grün, keine Bäume
- zu wenig Sitzgelegenheiten
- kein Kaugummiautomat vorhanden
- keine Spielmöglichkeiten für jüngere Schüler
- Raucherecke fehlt
- zu wenig Papierkörbe
- etc.
- Diskussion, Wertung und Auswahl der Kritikpunkte (Was stört uns am meisten?)

Fantasiephase

- Umformulierung der ausgewählten Kritikpunkte:
- Der Beton muss weg!
- Wir brauchen mehr Grün!
- Mehr Bänke müssen her!

- Eine Raucherecke muss geschaffen werden!
- etc.
- evtl. Spiele zur Auflockerung und Fantasieanregung
- Ausgabe der Grundrisse
- Diskussion einer neuen vorläufigen Schulhofaufteilung (Brainstorming und Zusammenfassung an großer Wandkarte)
- Aufteilung der Werkstatt in Arbeitsgruppe (z. B. „Betonfläche", „Raucherinsel", „Begrünung" etc.), Visualisierung der Planungsstrukturierung auf der Karte (Gruppe „Begrünung")
- Ideensammlung und -auswertung in der Gruppe
- Vorstellung der Ergebnisse und Auswahl der faszinierendsten Ideen durch Gesamtgruppe (Gruppe „Begrünung": einheimische Bäume und Sträucher als Bio-Anschauungsobjekte → Absprache mit Fachlehrern etc.)

Verwirklichungsphase

- Kommentierung und Diskussion der Ideen durch Gesamtgruppe, auch: Wie sieht so etwas an anderen Schulen aus?
- Schrittweise Konkretisierung eines Verwirklichungsplans (Beispiel: Begrünung) in Gruppen
- *notwendige Forderungen*
- Wir brauchen Bäume und Sträucher (kaufen, Ableger, ausgraben etc.)
- Wir brauchen Mutterboden zum Anpflanzen
- Wir brauchen Arbeitskräfte (Pflanz-, Pflegearbeiten) und Arbeitsmittel (Spaten, Grabgabeln, evtl. Spitzhacken, Gießkannen, Schläuche)
- *Verwirklichungsprojekt für diese Forderungen* (Beispiel: Arbeitskräfte und -mittel)
- Aushang: „Suche freiwillige Mitarbeiter (Schüler und Lehrer) zur Schulhofbegrünung" mit Einschreibeliste und Terminvorschlag (erste Woche in den Ferien), insbesondere „Fachmänner und -frauen" (Wie pflanzt man richtig? Wer hat einen Garten?)
- Organisation der Verpflegung: „Mitbringeparty" oder Spenden von gegenüberliegender Bäckerei (Brötchen)
- Anfrage nach Arbeitsgeräten beim Hausmeister, wenn nicht vorhanden Ankauf durch Schule (für permanente Pflege, Einholen von Angeboten, Sponsoring oder „Schul"-Rabatt durch Baumärkte, Kostenplan) bzw. Ausleihung bei Händlern
- etc.
- Zusammenfassung und erneute Diskussion (Prüfung) der vorläufigen Teilpläne durch Gesamtgruppe → vorläufiger Verwirklichungsplan für das Projekt „Ein neuer Schulhof muss her!"
- Organisation: Verteilung der anstehenden Aufgaben (Beispiel: Einschreibelisten)

Nun erfolgt die eigentliche Arbeit ...

Nachbereitungsphase

- Kontrolle der Ergebnisse
- weitere Ideen werden diskutiert und eventuell umgesetzt
- Anfertigen eines Protokolls für Schulchronik
- Zeitung? Zusammenarbeit mit anderen Schulen (Informationsaustausch: Wie haben wir das geschafft?)
- etc.

2. Berufswelt – (K)ein Einstieg für Schüler

- Zielgruppe: Berufsgrundbildungsjahr, z. B. Höhere Handelsschule etc.
- Ausschreibung der Werkstatt am schwarzen Brett, Beschränkung auf maximal 25 bis 30 Personen pro Sitzung, Einschreibung interessierter Schüler, Bekanntgabe von Zeit und Ort der ersten Sitzung (vor der Projektwoche)
- Klassenraum bereitstellen (Tische, Stühle, Tafel, Kreide) mit entsprechender Dekoration, z. B. Poster vom Arbeitsamt, mit Videorecorder etc.
- Möglichkeit zur klassenstufenübergreifenden Beteiligung schaffen (Absprachen der Kollegen)
- Erste Sitzung
  Wie finde ich meinen (zukünftigen) Beruf und wie findet er mich?
- Vorstellung der beteiligten Schüler
- Festlegen der Arbeitszeiten der Werkstatt (z. B. vier Stunden am Tag) und des Zeitrahmens zur Projekterstellung (Projektwoche)
- Bereitstellung und Durcharbeiten des Materials zum Thema „Berufswelt", z. B. von Banken, die für Schulen Videofilme und Prospekte zur Verfügung stellen, vom Arbeitsamt, von der Berufsberatung: Mach's richtig. Medienkombination zur Berufswahlvorbereitung. Handreichungen für den Unterricht, aus der Bibliothek Veröffentlichungen zur Berufswelt, von Gewerkschaften etc.

Kritikphase

- erneute Problemstellung
- Bestandsaufnahme: Was gefällt uns nicht? (Tafelanschrieb)
- wenige Lehrstellen und Arbeitsplätze
- teilweise lange Anfahrtswege zur Arbeit
- man muss oft nehmen, was man bekommt, ohne es eigentlich zu wollen
- mein Vater hat eine Firma, in der ich später arbeiten muss
- teilweise viele Überstunden
- etc.
- Diskussion, Wertung und Auswahl der Kritikpunkte (Was stört uns am meisten?)

Fantasiephase

- Umformulierung der ausgewählten Kritikpunkte:
- Wir benötigen Ausbildungs- und Arbeitsplätze!
- Ich möchte das tun, was mir Spaß macht!
- Der Weg zur Arbeit ist nicht so weit!
- Ich habe irgendwann einmal Freizeit!
- etc.
- evtl. Spiele zur Auflockerung und Fantasieanregung, keine Konkurrenz, sondern Miteinander
- Ausgabe von Karten zur Visualisierung
- Diskussion und nähere Erläuterung der Punkte (Brainstorming und Zusammenfassung an großer Wandkarte)
- Aufteilung der Werkstatt in Arbeitsgruppe (z. B. „Arbeitsplätze", „Freizeit", „Anfahrtswege" etc.), Visualisierung der Planungsstrukturierung auf der Karte (Gruppe „Arbeitsplätze")
- Ideensammlung und -auswertung in der Gruppe
- Vorstellung der Ergebnisse und Auswahl der faszinierendsten Ideen durch Gesamtgruppe (Gruppe „Arbeitsplätze": für jeden Teilnehmer einen Arbeits- bzw. Ausbildungsplatz durch Anfragen in Betrieben bzw. Tipps holen, worauf Wert gelegt wird → Absprache mit Fachlehrern, Experten, Betrieben etc., jeder hilft jedem!)

Verwirklichungsphase

- Kommentierung und Diskussion der Ideen durch Gesamtgruppe, auch: Wie sieht es an anderen Schulen aus?
- Schrittweise Konkretisierung eines Verwirklichungsplanes (Beispiel: Arbeitsplätze) in Gruppen
- *notwendige Forderungen*
- Wir brauchen Arbeitsplatzangebote
- Wir brauchen ordnungsgemäße vollständige Bewerbungsunterlagen
- Wir brauchen eventuell Unterstützung durch Experten
- etc.
- Verwirklichungsprojekt für diese Forderungen (Beispiel: Bewerbungsunterlagen)
- Informationsblätter, wie man sich richtig bewirbt vom Arbeitsamt
- Organisation eines Gesprächs mit Experten (z. B. aus der Personalabteilung eines Betriebes oder eine Person vom Arbeitsamt)
- etc.
- Zusammenfassung und erneute Diskussion (Prüfung) der vorläufigen Teilpläne durch Gesamtgruppe → vorläufiger Verwirklichungsplan für das Projekt „Berufswelt – (K)ein Einstieg für Schüler!"
- Organisation: Verteilung der anstehenden Aufgaben (Beispiel: Heranziehen der Experten)

Nachbereitungsphase

- Kontrolle der Ergebnisse
- weitere Ideen werden diskutiert und eventuell umgesetzt
- Anfertigen eines Protokolls für Schulchronik
- Zeitung? Zusammenarbeit mit anderen Schulen (Informationsaustausch: Wie haben wir was geschafft?)
- etc.

7 Lernen und Handeln im Internet

Der Begriff Internet stellt eines der wesentlichen gesellschaftlichen Schlagworte der Jahrtausendwende dar. War der Begriff noch vor wenigen Jahren einer breiten Öffentlichkeit völlig unbekannt, ist er heute in aller Munde. Seine Bedeutung als weltumspannendes Netz für Information und Kommunikation, insbesondere im Bereich der Wirtschaft, ist unumstritten und so ist es kaum wunderlich, wenn sein Einbezug nicht nur in den Wirtschaftsunterricht allenthalben gefordert wird.

Ohne Zweifel hat der ehemalige Bundespräsident Roman Herzog den richtigen Weg gewiesen, wenn er darüber hinaus fordert, über das Netz (Internet) am Wissen der Welt aktiv teilzuhaben.

„Es ist noch immer ein weit verbreitetes Missverständnis, dass Computer in den Schulen vor allem dem Informatik-Unterricht dienen. Der Umgang mit dem Computer gehört aber wie das Lesen, Schreiben und Rechnen heute zu den selbstverständlichen Kulturtechniken. Wir dürfen jetzt nicht auf halbem Wege stehen bleiben. Für mich steht fest: Computer gehören in jedes Klassenzimmer! Es gab in den letzten Jahren eine große Anstrengung der Politik und der Wirtschaft, unsere Schulen ans Netz zu bringen. So wichtig das ist, es kann nur ein erster Schritt sein. Unser Ziel muss es sein, innerhalb der nächsten fünf Jahre alle deutschen Klassenräume und öffentlichen Bibliotheken mit einer ausreichenden Anzahl von vernetzten Computern auszustatten. Keiner soll mir sagen, dass sich das nicht erreichen lässt. Die USA haben vorgemacht, dass so etwas geht – als gemeinschaftliche Anstrengung von Staat und Wirtschaft."

(Roman Herzog
auf dem Deutschen Bildungskongress 1999)

Die Forderung der Einbindung des Internets in die Schulen erscheint zunächst widersinnig, denn das Internet ist kein Instruktionsmedium, es ist weder als Bildungssoftware konzipiert noch hat es primär pädagogische oder didaktische Aufgaben (Quelle: vgl. Winchelmann 1997, S. 186).

C. Rauber stellt dem gegenüber heraus, was die schulischen Möglichkeiten und methodischen Anforderungen des Internets ausmacht. „Multimedia-Rechner mit Internetanschluss sind nicht länger nur ‚Hochgeschwindigkeitstrottel', sondern Maschinen mit integrierter technischer Kommunikationsfähigkeit. Sie verpflichten den Lehrer, sich mit neuen Lerninhalten auseinander zu setzen und bieten ihm die Chance, neue methodische Wege zu gehen. Die Schüler können in die Lage versetzt werden, sich Unterrichtsmaterialien und neueste Informationen selbst zu beschaffen. Internet-Computer eröffnen einen Blick in die Welt, in andere Kulturen sowie hinter die Kulissen der Informationssysteme" (Quelle: Rauber 1997, S. 159).

Die folgenden Ausführungen sollen lediglich einige Hinweise zur unterrichtlichen Nutzung des Internets geben, eine vertiefende Auseinandersetzung ist einer geplanten eigenständigen Publikation vorbehalten.

Ende der 60er-Jahre entwickelte das US-Verteidigungsministerium ein Computernetzwerk namens ARPAnet, das am 1. September 1969 an der Universität of California (Los Angeles) in Betrieb genommen wurde. ARPA (Advanced Research Projects Agency) sollte im Falle eines nuklearen Angriffs – bei Ausfall von Teilen des Netzes – den ungehinderten bundesweiten Datenaustausch sicherstellen. Bestand dieses „Netz" zunächst auch nur aus zwei Rechnern, die miteinander über den 1969 entwickelten IMP (Interface Message Prozessor), dem wichtigsten Bestandteil des Netzes, kommunizierten, so entwickelte sich das ARPAnet sehr rasch weiter, schloss sich mit nun in rascher Folge sich entwickelnden Netzwerken des zivilen Bereiches zusammen. Von da ab konnte sich das in erster Linie an wirtschaftlichen Interessen ausgerichtete Internet zu dem entwickeln, was es heute ist: Ein global-vernetztes Kommunikations- und Datenaustauschnetz, das nicht nur auf dem reinen Versenden von Daten basiert, sondern Anfang 1990 mit dem www (worldwide web) auch um multimediale Informationen erweitert wurde.

„Seinen einzigartigen Charakter erhält das Internet heute (Erg. d. Verf.) durch die Struktur des Hypertextes; gleichzeitig stellt das Internet den größten Hypertext der Welt dar. ‚Hypertext' meint hier nichts anderes als das digitale Verbundensein von unzähligen Text-, Bild-, Film- und Audiodateien und -dokumenten. Das Netz ‚verwebt' eine Vielzahl an wissenschaftlichen Institutionen, Universitäten, Schulen, Bibliotheken, Regierungen, Firmen, Banken u. v. m. und die privaten Haushalte miteinander." (Quelle: Wichelmann 1997, S. 186 f.) In diesem Netz ist das Individuum, das sich hineinbegibt, allerdings nicht nur „Nutzer" wie in einer Bibliothek, sondern es kann auch zum „Akteur" werden, indem es eigenes Wissen in das Netz einbringt. „Da jeder Internetnutzer sein persönliches Wissen in das Netz einspeisen kann, finden sich im Netz auch für die Schule interessante Dokumente: Lehrbücher, Übungsaufgaben, Beispiele und Erklärungen, wissenschaftliche Modelle und konsultierbare Experten, aber auch persönliche Erfahrungen, Interessen und Hobbys von Schülern aus der Bundesrepublik und der ganzen Welt. Folgende Web-Seiten können für die Schulen im deutschsprachigen Raum besonders interessant sein:

Hier gibt es zum Beispiel aus privater Initiave die ‚Zentrale für Unterrichtsmedien (ZIM)' mit den Web-Adressen http://132.230.36.11/schule und http:www.aktiv-netz.de/zum. Lehrer können hier Materialien nach Fächern sortiert abrufen oder einspeisen. Vergleichbare Möglichkeiten und den Schulaustausch bietet der bundesweite ‚Deutsche Bildungserver', den man unter der Adresse http://dbs.schule.de findet; auf Landesebene Landesebene gibt es z. B. den ‚Landesbildungserver Rheinland-Pfalz' unter http:lbs.rp.schule.de oder die ‚Learn Line Nordrhein-Westfalen' unter http://www.learn-line.nrw.de. Ein weiterer Schulserver ist das ‚Offene Deutsche Schulnetz (ODS)' unter http://www.educat.hu-berlin/schulen/netze.html. Alle Schulen, die bereits dem Internet angeschlossen sind, findet man unter der Adresse: http://www.-schulweb.de. Hier lernt man schnell Partnerschulen und Partnerklassen kennen. Und schließlich lautet die Web-Adresse der Initiative ‚Schulen ans Netz e. V.' http://www.san-ev.de.

Diese Web-Adressen bilden nur einen kleinen Teil der Nutzungsmöglichkeiten des Internets für Schulen." (Quelle: Wichelmann 1997, S. 187).

Zu Recht wird darauf hingewiesen, dass das Internet so etwas wie einen „gigantischen Supermarkt der Informationen" darstellt. Genau dadurch gewinnt das Internet seine zentrale Bedeutung für die Bildungsarbeit, es stellt Informationen für jeden Bedarf zumeist in hohem quantitativen Umfang aus aller Welt und in unterschiedlichster Qualität bereit. Angesicht der komplexen, häufig genug verwirrenden Informationsfülle wird auch die neue Rolle des Lehrers im Umgang mit dem Netz deutlich. „Es ergänzt das Wissen eines einzelnen Lehrers um ein Vielfaches. Hier muss deutlich werden, dass Lehrer nicht ‚Alleswisser' sind und die Welt vielfältig ist. Schüler sollen nicht für den Lehrer, sondern für sich selbst lernen und einsehen, dass sie keine bequemen Gäste im Wissenslokal der Schule sind, die der Lehrer zu bedienen hat. Die Lehrperson erhält in einer Zeit der Informationsschwemme eher die Funktion des ‚Guide', also des Führenden, oder des Informationsmanagers, der die Schüler dazu befähigt, verschiedene Wissenquellen aufzutun und zu benutzen" (Quelle: Wichelmann 1997, S. 188).

„Wandlungen" in der Rolle des Lehrers zeigt auch C. Rauber am Thema „Arbeitskampf" auf: „Das Thema Arbeitskampf im Wirtschaftskundeunterricht wird durch aktuelle Informationen, die die Schüler über die Homepages der Tarifparteien abrufen, zum einen politischer; zum anderen wird es sowohl von betriebswirtschaftlicher Perspektive (Arbeitnehmer) als auch gesellschaftspolitisch (Gewerkschaften) diskutiert. Die Online-Stellungnahmen der Parteien und der Rgierung erlauben mit Sicherheit einen volkswirtschaftlichen Ausflug in die Beurteilung nachfrageorientierter und angebotsorientierter Wirtschaftspolitik. Natürlich war ein derart *vernetzter und perspektivischer Unterricht* auch in der „Internetvorzeit" mit großem Zeit. und Arbeitsaufwand von Lehrern möglich. Die Internetdienste erleichtern jetzt dem Lehrer die Materialbeschaffung, sogar den Zugriff auf aktuellste Informationen. Ein handlungsorientierter Unterricht empfiehlt, dass die Schüler auf einen Anstoß des Lehrers hin selbsttätig nach Informationen ‚surfen'. Die Aktivität des Schülers erhöht sicherlich seine Motivation" (Quelle: Rauber 1997, S. 160).

Wie wichtig die Rolle des „Informationsmanagers" Lehrer ist, wird deutlich, wenn man sich der so genannten „Suchmaschinen" im Internet unreflektiert bedient. J. Wegener verdeutlich dies am Beispiel seiner Informationssuche zum Thema „Digitales Fernsehen – Premiere World". Nach der Betrachtung der wenig ergiebigen DF1-Homepage im www (http://www.Premiere World) nutzte dieser Autor eine Suchmaschine mit dem Fahndungsauftrag „Premiere". Das Ergebnis: 1000 Treffer (Quelle: vgl. Wegener 1999, S. 274). Es liegt nahe, dass die eingehende Sichtung der Angaben jeden vernünftigen Zeitrahmen sprengt und zudem erfahrungsgemäß der Informationsgehalt vieler Treffer gering ist und Doppelungen nicht die Ausnahme darstellen.

„Im Internet kann man mit Personen der ganzen Welt in Kontakt treten. Die Konsultation von Fachexperten wird möglich, deren Wissen man im Alltagsleben wegen sozialer oder geographischer Barrieren nicht erhalten könnte. Außerdem konfrontiert das Internet mit Situationen (z. B. in Newsgroups, den Kommunikationsforen), in denen andere als die eigene Meinung vertreten werden. (...) Sozial bedeutsam ist auch das durch das Internet vermittelte Gefühl des Zusammenlebens auf einem Planeten im ‚Global Village'. Indem man mit der Welt kommuniziert, fühlt man sich mit ihr verbunden" (Quelle: Wichelmann 1997, S. 191).

Dies wird u. a. deutlich im Aufbau und in der Gestaltung von **Klassenpartnerschaften:**

St. Olaf-Liste	für den Primar- und Sekundarbereich: iecc-request@stolaf.edu für *higher education* ab Jahrgang 11: iecc-he-requeststolaf.edu WWW: http://www.stolaf.edu/network/iecc/
Goethe-Institute	„Internet-Klassenpartnerschaften" http://www.goethe.de

(Quelle: vgl. Rauber 1997, S. 161), sowie in der Gestaltung gemeinsamer **Unterrichtsprojekte,** wie sie besonders von Jecht/Sausel (1998) vorgestellt werden.

8 Assessment-Center

Im Kanon der bislang dargestellten Methoden fällt das Assessment-Center (AC) aus dem Rahmen, denn es handelt sich hierbei um keine Unterrichtsmethode. Vielmehr handelt es sich bei AC um ein Auswahl- bzw. Beurteilungsverfahren von Unternehmen hinsichtlich der Eignung von künftigen Stelleninhabern.

Bei der Personalauswahl, aber auch bei der Förderung von qualifizierten Fach- und Führungskräften hat in den vergangenen Jahren das Assessment-Center zunehmend an Bedeutung gewonnen. Immer mehr Unternehmen sehen darin ein besonders geeignetes Instrument zur Personalauswahl oder Personalförderung (Quelle: vgl. hierzu u. a. Becker 2/1999, S. 265 ff.; Obermann 1992; Kompa 1992; Lattmann 1989; Stein/Weitz 1993).

AC werden bislang lediglich von Mitarbeitern des Unternehmensbereiches Personalwirtschaft oder von darauf spezialisierten Mitarbeitern aus der Unternehmensberatung, die von Unternehmen hierzu verpflichtet werden, durchgeführt. Die Vorbereitung, Gestaltung und Nachbereitung von AC ist bislang allerdings eine Aufgabe, auf die im Rahmen der schulischen bzw. berufsschulischen ökonomischen Bildung nicht vorbereitet wird. Dies gilt sowohl hinsichtlich der Rolle des von Unternehmensseite an AC beteiligten Mitarbeiters, als auch hinsichtlich der Rolle des von AC betroffenen Aspiranten.

Es gilt deshalb, nicht nur Kenntnisse über AC, sondern vor allem auch konkrete methodische Erfahrungen in und mit AC in die ökonomische Bildung zu integrieren.

8.1 Assessment-Center als diagnostische Verfahren

AC sollen die Erfolgswahrscheinlichkeit der Eignung von potenziellen künftigen Stelleninhabern beurteilen (to assess = beurteilen). AC sollen Aufschlüsse darüber erbringen, welche Fähigkeiten und Einstellungen potenzielle künftige Stelleninhaber aufweisen. Als Kernziel wird die Prognose von Fach- und Führungskompetenz (Managementfähigkeit) angesehen. In relativer Bewertung einer Gruppe von Probanden zueinander (z. B. Bewerber um eine Stelle) soll der am besten geeignete Kandidat ausgewählt werden. (Quelle: vgl. hierzu insbesondere Becker/Rother 1995, S. 78; Mungenast/Finzer 1993, S. 396.) Die Messkriterien (Standards) von AC sind vorher zu bestimmende Anforderungen einer Tätigkeit, Stelle oder hierarchischen Ebene. Im Rahmen von AC werden Probanden in unterschiedlichen Situationen gleichzeitig von mehreren Beobachtern analysiert und beurteilt. AC können einen Zeitraum von ein bis zu drei Tagen umfassen, in deren Verlauf die Bewerber eine Kombination unterschiedlicher Diagnoseverfahren durchlaufen. Dabei kommen u. a. Verhaltensbeobachtungen, Interviews und Arbeitsproben zum Tragen (Quelle: vgl. Toemmler-Stolze 1993, S. 58). Dadurch wird ein systematischer Vergleich des beobachtbaren Verhaltens mit dem Anforderungsprofil angestrebt. Als Gesamtbeurteilung erhält jeder Proband eine persönliche Rückmeldung über gezeigte Stärken und Schwächen im Hinblick auf die Stellenanforderungen (Quelle: vgl. Becker/Rother 1995, S. 78).

AC werden häufig als Gruppen-AC durchgeführt. Dabei stehen mehrere Bewerber um eine Position im unmittelbaren Vergleich. AC können aber auch als Einzel-AC durchgeführt werden. Das Ziel ist dann eine tiefer gehende und umfassendere Analyse des Bewerbers. Im Rahmen des AC ist nicht mehr die klassische Konfiguration Personalchef und Bewerber gegeben, sondern der Bewerber sieht sich neben unmittelbar präsenten Mitbewerbern einem Beobachterteam gegenüber. Das Beobachterteam setzt sich aus Führungs- und Personalfachkräften des Unternehmens zusammen und wird ggf. unterstützt durch externe Berater (Psychologen, Unternehmensberater etc.). Geleitet wird das Team von einem Moderator, dem insbesondere koordinierende bzw. einen störungsfreien AC-Ablauf sichernde Funktionen zukommen.

AC treten in der Praxis in zwei Grundformen auf, als „Auswahl-AC und Förder-AC". Ziel des Auswahl-AC ist es, interne und externe Bewerber auszuwählen, die den Anforderungen einer zu besetzenden Stelle bestmöglich entsprechen. (...) Durch das Förder-AC soll erkannt werden, welche Leistungsstärken und -potenziale Mitarbeiter oder Mitarbeitergruppen für andere und/oder höherwertige Stellen haben." (Quelle: Becker/Rother 1995, S. 79).

Die Bedeutung, die dem AC von den Unternehmen zugemessen wird, wird deutlich in der Abgrenzung gegenüber den nachfolgend dargestellten Schwächen des traditionellen Bewerbergesprächs:

- „In der Bewerbersituation haben wir es alle mehr oder weniger gut gelernt, uns zu ‚verkaufen'. Wer beschreibt seinen Führungsstil heute etwa nicht als kooperativ? Was diese Bezeichnung aber im Einzelnen bedeutet, muss oft unklar bleiben.
- In der Gesprächsform des Interviews lassen sich zwar gut die fachlichen Kompetenzen überprüfen, jedoch nur mit Risiken die erfolgsentscheidenden, überfachlichen Eigenschaften wie die Teamfähigkeit, das strategische Denken, das Verhalten in Krisensituationen oder die Motivationsfähigkeit von Menschen greifbar machen." (Quelle: Obermann 1992, S. 15.)

C. Obermann kommt zu der von vielen Unternehmen mitgetragenen Einschätzung, dass das AC ein Instrument darstellt, mit dessen Hilfe die Investition in das Human-Kapital die heute bestmögliche Absicherung erfährt. Er veranschaulicht dies überzeugend mit der nachfolgenden Abbildung:

[1] Die Ausführungen basieren auf dem Beitrag: Weitz, B. O.: Assessment-Center. In: Wirtschaft und Gesellschaft im Beruf, H. 3, 1998 (e), S. 106–109.

	Investition Maschine, zum Beispiel kaufmännisches EDV-System	Investition Human-Kapital, zum Beispiel kaufmännischer Leiter
Kosten	▲ Hardware ▲ Software ▲ Wartungskosten ▲ Schulung und Einarbeitung **Summe: 180 TEUR**	▲ ein Jahr Gehalt ▲ Anwerbungskosten (Anzeige, Auswahl etc.) ▲ Ausbildung und Einarbeitung ▲ Entlassungskosten (Abfindung, neue Suche) **Summe: 180 TEUR**
Prüfschritte	▲ Detaillierter Anforderungskatalog ▲ Wettbewerbsangebote einholen ▲ Prüfung durch diverse Fachabteilungen ▲ Praxistests bzw. Probeinstallation ▲ Garantie-/Rücknahmeverpflichtung	▲ ? ▲ Bewerbungsunterlagen prüfen ▲ Vorstellungsgespräche ▲ ? ▲ ?

(Quelle: Obermann 1992, S. 15.)

8.2 Verlauf von Assessment-Center

In der Anwendungspraxis ist den spezifischen Interessen der Unternehmen entsprechend eine Vielzahl von Ausprägungsformen von AC festzustellen, in denen Einzelaktivitäten unterschiedliches Gewicht zugemessen wird (Quelle: vgl. Kompa 4/1992, S. 27). Die möglichen Einzelaktivitäten im Rahmen von AC werden von Becker/Rother (Quelle: vgl. 1995, S. 79 ff.) wie folgt im Rahmen eines dreiphasigen Ablaufs zugeordnet und skizziert:

1. Vorbereitungsphase:

Die Vorbereitungsphase umfasst administrative und inhaltliche Tätigkeiten. Zu den administrativen Aufgaben gehören die Auswahl eines geeigneten Seminarortes, rechtzeitige Terminierung und Festlegung eines Zeit- und Ablaufplans. Ausgangspunkt der inhaltlichen Erarbeitung eines AC ist die Anforderungsanalyse. Qualifizierte Tätigkeiten zeigen einen hohen Komplexitätsgrad. Zur Komplexitätsreduzierung wird die Gesamttätigkeit in mehrere Anforderungskriterien wie Kommunikationsfähigkeit, Durchsetzungsvermögen, Lern- und Umstellungsfähigkeit usw. aufgespalten. In einem zweiten Schritt werden die Anforderungskriterien um konkrete Verhaltensweisen ergänzt und somit weiter operationalisiert. Die Anforderungskriterien bilden die Grundlage für die Auswahl der durchzuführenden Übungen. Zusätzlich werden geeignete Beobachter geschult und eine Vorauswahl von Teilnehmern getroffen.

2. Durchführungsphase:

Die Übungen eines AC lassen sich grundsätzlich in Einzel- und Gruppenübungen unterteilen. Zu den Einzelübungen gehört der so genannte „Postkorb", eine Sammlung von bis zu 40 Schriftstücken, die repräsentativ für die Post einer vorgesehenen Position sind. Unter Zeitdruck soll der Proband die Schriftstücke bearbeiten, Probleme identifizieren, Prioritäten setzen und Entscheidungen treffen. Rhetorische Fähigkeiten können in Vorträgen zu allgemeinen politischen und wirtschaftlichen Themen erkannt werden. Unternehmensspezifische Situationen werden in Fallbeispielen bearbeitet, Interviews dienen zur Klärung des biografischen Hintergrundes und der Zielvorstellungen der Probanden. Gruppenübungen haben Wettbewerbs- und/oder Kooperationscharakter. Die Übungsinhalte sollten dem Tätigkeitsprofil der zu besetzenden Stelle entnommen werden. Die Teilnehmer werden z. B. aufgefordert, ein Personalentwicklungskonzept zu erarbeiten oder eine Absatzstrategie für ein neu einzuführendes Produkt zu entwickeln. Beobachtbar sind dabei logisches Denken, zielstrebige Arbeit, aber auch Kommunikationsfähigkeit, Ausdrucksfähigkeit, Akzeptanz in der Gruppe.

3. Auswertungsphase:

Zur Auswertungsphase gehören: Beurteilungsprozess, Gutachtenerstellung, Beobachterkonferenz und das Feedback-Gespräch. Wichtiger Grundsatz eines AC ist die zeitliche und inhaltliche Trennung von Beobachtung und Beurteilung. Durch eine vorurteilsfreie Datenaufnahme wird eine relativ objektive Verhaltensbeurteilung erreicht. In der Gesamtbeurteilung werden die erreichten Einzelwerte aus allen Übungen zusammengefasst. Die Gesamtbewertung kann ungewichtet oder gewichtet vorgenommen werden. Die erreichten Einzelwerte können in der Beobachterkonferenz diskutiert und verändert werden. Eine nachträgliche Interpretation und anschließende Veränderung empfiehlt sich allerdings nicht. Ziel der Beobachterkonferenz ist die Erarbeitung von Gutachten. Grundlage der Gutachten ist die Gesamtbeurteilung eines jeden Probanden. Die Gutachten geben Auskunft über Rangplatz, Stärken und Schwächen sowie erforderliche Entwicklungsmaßnahmen. Die Auswertungsphase wird mit dem Feedback-Gespräch abgeschlossen. Ziel des Gesprächs ist es, dem Kandidaten seine persönlichen Stärken und Schwächen aufzuzeigen, Selbsteinschätzung, Fremdeinschätzung und Entwicklungshinweise zu erörtern. Die Nachbereitungsphase sollte auch der Beurteilung des AC-Verfahrens dienen. Kritische Einwände der Teilnehmer und der Beobachter sowie Ergebnisse aus Datenstrukturanalysen werden ausgewertet, um wichtige Informationen für zukünftige AC zu erhalten.

8.3 Assessment-Center in der Praxis

Die vielschichtige Praxis der Durchführung von AC in den Unternehmen kann im Rahmen an dieser Stelle nicht wiedergegeben werden. Die nachfolgenden Berichte über AC in der Praxis verfolgen lediglich das Ziel, erste Eindrücke von AC in der Unternehmenspraxis zu vermitteln.

8.3.1 Fallbeispiel Landesbank Rheinland-Pfalz

Fallbeispiel

AC sind ein wichtiger Bestandteil der Personalentwicklung bei der Landesbank Rheinland-Pfalz in Mainz. Der Leiter der dortigen Personalentwicklung, H.-D. Rüter, skizziert die Integration von AC vor der Aufnahme zur Förderung vorgeschlagener Mitarbeiter in einem Förderkreis, der zur Übernahme von Führungsaufgaben befähigen soll:

Nachdem sich der Mitarbeiter entweder selbst oder durch seine Vorgesetzten für die Teilnahme am Personalentwicklungsprogramm für Führungsnachwuchskräfte beworben hat, erfolgt eine schriftliche Förderempfehlung durch den Vorgesetzten, die sich an folgenden Kriterien orientiert: Fachqualifikation – strukturiertes Denken und Handeln – geistige Beweglichkeit – Initiative und Selbstständigkeit – Umgehen mit anderen – Führungsverhalten – Ausdauer und Belastbarkeit und schließlich Kontakt- und Kommunikationsverhalten. Diese Förderempfehlung wird in der Personalabteilung deponiert, wo sie zu einem späteren Zeitpunkt Bestandteil des Feedback-Gespräches nach dem Assessment-Center wird.

Alle Mitarbeiter, unabhängig davon, ob sie durch ihren Vorgesetzten vorgeschlagen wurden oder sich selbst beworben hatten, nehmen an einem Assessment-Center teil, zu dessen Vorbereitung ein Beratungsgespräch in der Personalabteilung stattfindet, in dem Fragen des Mitarbeiters behandelt, insbesondere aber auch Erwartungen des Mitarbeiters hinsichtlich seiner Zielvorstellung besprochen und diskutiert werden, um gemeinsam mit ihm in realistische Zielgrößen umgewandelt zu werden. Das Assessment-Center ist dann wesentlicher Baustein für die weitere Vorgehensweise. Diese AC bestehen aus Einzel- und Gruppenübungen, Interviews, Präsentation und prüfen die gleichen Kriterien, die Grundlage der Förderempfehlung durch den Vorgesetzten waren.

Die Beobachtung und Bewertung der Teilnehmer erfolgt durch Führungskräfte des Hauses, die in einem insgesamt dreitägigen Beobachtertraining für diese sehr anspruchsvolle Aufgabe vorbereitet wurden. Unterstützt werden die Beobachter des Hauses dabei von zwei Beobachter des Hauses dabei von zwei externen Moderatoren, die dazu beitragen sollen, dass diese Assessment-Center unter Wahrung von Objektivität und Neutralität stattfinden können und die darauf achten, dass methodisch einwandfrei gearbeitet wird, d. h. insbesondere, dass die Kette „Beobachten", „Beschreiben" und dann erst „Bewertem" jederzeit eingehalten wird. Dieses AC dauert zwei Tage, zwölf Teilnehmer nehmen teil, sechs Beobachter, die Führungskräfte der Bank sind und selbstverständlich nicht Führungskraft bzw. Vorgesetzter des Teilnehmers sind. Nach Abschluss und Auswertung des Assessment-Centers wird mit jedem Teilnehmer ein sehr intensives Gespräch geführt, das ihm sehr ausführlich die Beobachtung und die Ergebnisse der einzelnen Übungen des AC insgesamt erläutert. Hier kommt auch die Förderempfehlung des Vorgesetzten zum Tragen, die insbesondere dann in diesem Feedback-Gespräch nach dem AC aufgearbeitet muss, wenn sehr große Abweichungen zwischen dem Ergebnissen des AC und der Einschätzung durch den Vorgesetzten vorliegen. In diesem Fall sollen im Interesse des Teilnehmers eventuell erkannte Problemfelder aufgearbeitet, diskutiert und nach Möglichkeit in konkrete Verhaltensabsprachen umgesetzt werden.

In der weiteren Vorgehensweise im Hinblick auf die Zielvorstellung, Auswahl und Heranbildung von Führungsnachwuchskräften unterscheiden wir anhand der Ergebnisse des Assessment-Centers zwei Möglichkeiten:

1. Ermittlung von Fördermaßnahmen, die dem Mitarbeiter behilflich sind, die im AC erkannten Schwächen aufzuarbeiten. Dies geschieht derart, dass konkrete Absprachen getroffen werden über Maßnahmen wie zum Beispiel Seminare, die zur Änderung des Verhaltens führen können und mittelfristig dazu dienen sollen, dass der Mitarbeiter diese Dinge aufarbeiten und dann gegebenenfalls in einer zweiten Runde in den Förderkreis aufgenommen werden kann.
2. Aufnahme in den Förderkreis. Dieser Förderkreis besteht aus den Mitarbeitern, die das AC so abgeschlossen haben, dass eindeutig Stärken die Schwächen überwiegen. Diese Mitarbeiter werden nach einem bestimmten Zeitraum von ihren Fachabteilungen freigegeben, um im Förderkreis ganz konzentriert auf Führungsaufgaben vorbereitet zu werden. Dies bedeutet, dass im Anschluss an das AC ein Zielbereich (z. B. Kreditgeschäft) und eine Zielposition (z. B. Gruppenleiter) festgelegt werden und nun in einem individuellen, d. h. für jeden Mitarbeiter wirklich individuell erstellten Plan, Maßnahmen und Zeitvorstellungen festgelegt werden, dieses Ziel zu erreichen.

8.3.2 Fallbeispiel Siemens-Nixdorf Paderborn

Fallbeispiel

Gestaltet unter Verwendung eines Zeitungsbeitrages von Viola Keeve 1997 (Neue Westfälische vom 8. November 1997)

Zwei Stellen sind frei. „Es gibt jetzt eine Übung, bei der Sie unter Zeitdruck gesetzt werden", sagt Nina Schmitt und verteilt die Aufgabenblätter. Elf Kandidaten sind zum Assessment-Center nach Paderborn gereist. „Sie haben 60 Minuten", sagt die Personalentwicklerin. „Viel Spaß!" Der Wettlauf um den Job beginnt. Bei der Organisationsübung muss man schnell entscheiden: Zur Bank oder zum Kunden ins Bistro, mit U-Bahn oder Auto? Im Konferenzraum ist es still. Dunkle Jackets hängen über den Stühlen. Erich Kochs (Namen geändert) Hände zittern leicht. Wie viel Zeit bleibt im Bistro? Die Übung ist wichtig. Gleich, beim Rededuell, wird er wenig Chancen haben.

Als Schweiger gehört er zu den Verlierern im Assessment-Center. „Die Introvertierten erfasst man nicht", sagt der Personalleiter von Siemens-Nixdorf Paderborn. „Aber die überleben auch nicht lange als Personalleiter." Kontaktstark, teamfähig, flexibel, kreativ, klug und durchsetzungsfähig sollen die Bewerber sein. Dominant, aber ohne Leichen zu hinterlassen. „Wir wollen hier Führungskompetenz sehen, das geht nicht auf Schmusekurs", sagt der Personalchef. Zwei der Bewerber, die jetzt in den Raum schlendern, sollen in fünf Jahren selbst Personalleiter sein.

Eine „spritzige Diskussion" wollen die Beobachter jetzt sehen, kein friedfertiges Plaudern. Erich Koch setzt sich. Die Tester hinter ihm legen Bewertungsskalen zurecht: Wie steuert er das Gespräch, wie geht er auf andere ein, wie packt er das Thema an? Das Schaulaufen beginnt. Carsten Abel, ein Betriebswirt aus Köln, ist das rhetorische Glanzlicht der Runde. Der 30-Jährige schlägt die Beine übereinander, nickt und lächelt aufmunternd, währen andere sprechen. „Hat Deutschland zu viele Ausländer?", fragt er, bittet um „kritisches Feedback". Er und Sabine Lohre, eine Volkswirtin aus München, spielen sich die Bälle zu.

Die 27-Jährige ist übereifrig, unterbricht vehement: „Entschuldige, das lässt sich ja ideal mit meiner Frage von vorhin verknüpfen" – eine Dauerrednerin. Erich Koch aber verschränkt die Arme, hat sich zurückgezogen. Das gibt Minuspunkte. Die Vielredner führen. Überzeugt haben sie den Personalleiter aus Paderborn jedoch nicht. „Die Gruppe hat sich doch nichts getan", sagt er. „Wir brauchen junge, aggressive Leute, die uns voranbringen." Auf die muss er warten, auch am Nachmittag.

15:00 Uhr. Für die Bewerber ist der Stresstest vorbei. Manche sind müde, wollen nur zum Bahnhof, manche ganz zufrieden. „Es war fair und locker gemacht", sagt Erich Koch. „Ich bin sicher, jeder von uns könnte den Job machen." Andere nicken. „Wenn's hier nichts wird, ist das kein Unglück", meint Carsten Abel. „Ich habe noch anderes in petto." Er jedenfalls landet auf Platz zwei. Bei der Abschlussbewertung wird über ein A wie Absage, ein T wie Trainee oder ein P wie Personalreferent verhandelt. „Die Folie für Frau Lohre liegt auf", sagt der Psychologe Bernd Köhler. Für ihn ist wichtig: Erst nach dem AC erfahren die Beobachter etwas über Vorgespräch und Lebenslauf des Bewerbers.

Sabine Lohre war im AC stark in der Steuerung, im Vorgespräch schwach („kaum Fachwissen"). Sie fällt durch. Keine Chance für Schwätzer, aber für Querdenker: einen 31-Jährigen aus Kiel, Bankkaufmann, dann BWL-Studium, Diplomarbeit über Humankapital bei der Lufthansa, einer, der „für den Menschen das Beste will". Aber die Beobachter überlegen. „Hat er die Härte, Mitarbeiter zu entlassen?", fragt der Personalchef.

Ein Rhetorikdozent aus Bonn, der „zu fertig ist als Person", bekommt eine Absage. Auch Erich Koch wird abgelehnt. Sein Weg zum AC ist hart erarbeitet: Hauptschule, Friseurlehre, dann Abitur, VWL-Studium. „Einer, der im AC vor die Wölfe geht", meint eine Beobachterin.

Vier Wochen später findet Carsten Abel in seinem Briefkasten Post von Siemens-Nixdorf: ein Angebot als Personalreferent.

8.3.3 Fallbeispiel Avon Cosmetics GmbH, München

Fallbeispiel

(Auszug aus: Obermann 1992)

Avon Cosmetics vertreibt weltweit im Direktvertrieb Kosmetika und verwandte Produkte. Mit 30 000 Mitarbeitern an Standorten in 30 Ländern werden 3,5 Milliarden US-Dollar umgesetzt, in Deutschland arbeiten 1 600 Mitarbeiter bei Avon – zusätzlich zum Direktvertriebssystem mit derzeit 120 000 freiberuflichen Mitarbeiterinnen. Josef Wolf – Mitglied der Geschäftsleitung und Personaldirektor – schildert seine Erfahrungen mit der AC-Methode: „Unsere Beweggründe für die Einführung der AC-Methode bei der Auswahl externer Bewerber lagen in der Zielsetzung, weniger über etwas zu reden als vielmehr Konkretes zu tun und zu zeigen, denn nur das Handeln gibt Aufschluss über vorhandene Fähigkeiten und Fertigkeiten sowie Einstellungen.

Um dem Mitarbeiter, der neu zu einem Unternehmen kommt bzw. innerhalb des Unternehmens für neue Aufgaben ausgewählt werden soll, die Möglichkeit zu geben, von sich selbst ein klares Bild zu vermitteln, ist das Assessment-Center, gleichgültig ob als Einzel-Assessment oder als Gruppen-Assessment, die beste Methode.

Wir verwenden bei Avon unterschiedliche Einsatzformen des AC: von zwei bis drei Arbeitsproben, die bei halbtätigen Einzel-Assessments zum Einsatz kommen, bis hin zu 2,5- bis 3-tätigen Gruppen-AC wird alles durchgeführt. Die Übungen sind überwiegend auf praxisbezogene, den Anforderungskriterien entsprechende Arbeitsproben ausgerichtet. Psychologische Tests, Persönlichkeits- bzw. Intelligenztests sind absolute Ausnahmen und letztlich zu vernachlässigen. Ein Wechsel von Einzel- und Gruppenübungen auch im Gruppen-Assessment hat sich als sehr vorteilhaft erwiesen, wobei die Aussagefähigkeit der Einzelarbeiten immer eine höhere Qualität aufzeigt. (...)

Die Involvierung von Vorgesetzten als Beobachter (in AC; Erg. d. Verf.) ist absolut notwendig, wobei sich eine Mischung von externen und internen Beobachtern für uns als äußerst vorteilhaft herausgestellt hat. Vorgesetzte an der Erarbeitung der Aufgabenstellungen zu beteiligen ist ebenfalls von ausschlaggebender Bedeutung für die Akzeptanz der Simulationen durch die Teilnehmer und die konstruktive, kritische Beurteilung während des Assessment-Center-Prozesses. Auch die Informationen der Teilnehmer selbst im Vorfeld des AC führte nicht zur Verfälschung der ermittelten Ergebnisse, sondern im Gegenteil zu einer hohen Akzeptanz des AC – sowohl im Hinblick auf die Durchführung als auch auf die Umsetzung der erarbeiteten Ergebnisse. Diese Information im Vorfeld bezieht Stellung dazu, was im AC wie und mit welcher Zielrichtung gemacht wird – zur Veranschaulichung dienen Beispiele – und welche Kriterien angelegt werden.

Im Gegensatz zu traditionellen Bewerber-Interviews – auch wenn diese rhetorisch geschickt geführt werden und der Interviewer über eine ausgedehnte Erfahrung in der Führung von Bewerbungsgesprächen verfügt – zeigt das AC immer wieder die besonderen Chancen für einzelne Bewerber, aber auch die Risiken der Einstellung, die erst bei näheren Hinschauen, das heißt der Beobachtung des Verhaltens in konkreten Aufgabenstellungen, zutage treten" (Quelle: vgl. Obermann 1992; S. 43 f.).

8.4 Unterrichtliche Einbindung

Kenntnisse über AC verbessern zweifellos die Chancen von Bewerbern. Daraus ergibt sich Notwendigkeit sich inhaltlich an den Schulen mit diesem Thema auseinanderzusetzen. Dies gilt im Rahmen der Berufswahlvorbereitung in allgemein bildenden Schulen und in den vollzeitschulischen Bildungsgängen berufsbildender Schulen (Berufsgrundbildungsjahr, Höhere Handelsschule etc.) ebenso wie für die Bildungsgänge des dualen Ausbildungssystems hinsichtlich der individuellen Berufsweggestaltung.

Soweit es darum geht formal über AC zu informieren, sei über die oben angeführten Grundlagen hinaus u. a. auf die weitergehenden Informationen von Becker/Rother 1995, S. 78 ff. und Komba 1992 verwiesen. Es dürfte jedoch deutlich geworden sein, dass „Informationen über AC" nicht die aktive Auseinandersetzung von Schülern mit diesen Auswahl- und Personalentwicklungsverfahren ersetzen können. Zunächst bietet sich dabei die fallstudienorientierte Untersuchung von Berichten über AC (siehe oben) an. Die konkrete Erprobung von AC im Unterricht wird sich i. d. R. auf wenige Aspekte z. B. eine Pro- und Contra-Debatte (siehe Abschnitt 3.4) beschränken. Interaktionstheoretisch stehen dabei Fragen im Vordergrund, wie das Individuum das Auswahlverfahren aktiv mitgestalten kann und welche Schlüsse aus den Erfahrungen in AC zu ziehen sind, z. B. hinsichtlich Kenntnis- und Schlüsselqualifikationsdefiziten, aber auch diesbezüglichen Stärken. Dies erfordert es auch, dass konkrete Rückmeldungen von Lehrerseite hierüber an die Schüler erfolgen. Selbstverständlich sollte auch daran gedacht werden, die Erfahrungen von Personalfachleuten zu nutzen z. B. im Rahmen von Expertenbefragungen (Band 1, Kapitel 8) aber auch in der konkreten gemeinsamen Erprobung von AC in Unternehmen oder im schulischen Bereich.

9 Literatur

Achtenhagen, F. u. a.: Lernhandel in komplexen Situationen. Neue Konzepte der betriebswirtschaftlichen Ausbildung. Wiesbaden 1992.

Aebli, H.: Denken, das Ordnen des Tuns. Bd. 1. Kognitive Aspekte der Handlungstheorie. Stuttgart 1980.

Aebli, H.: Grundlagen des Lehrens. Stuttgart 1987.

Albers, H.-J. (Hg.): Handlungsorientierung und ökonomische Bildung. Bergisch-Gladbach 1995.

Alemann, H. v.: Der Forschungsprozeß. Eine Einführung in die Praxis der empirischen Sozialforschung. 2. Auflage. Stuttgart 1984.

Andreas, B.: Die Szenario-Methode. Wird es im Jahre 2020 eine solidarische Gesellschaft geben? Eine kreative Reise in die Zukunft. Köln 1998.

BATELLE-Institut e. V., Frankfurt/Main (Hg.): Batelle-Szenario-Technik. Frankfurt/M. o. Jg.

Bauer, B.: Die Leittextmethode im berufsbildenden Schulwesen. Erfahrungsbericht einer Erprobung. In: Zeitschrift für Berufs- und Wirtschaftspädagogik, Bd. 87, H. 1, 1991, S. 45–52.

Beck, H.: Simulationsformen und Planspieleinsatz in der Betriebswirtschaftslehre. In: Wirtschaft und Gesellschaft im Beruf, H. 5, 1989, S. 195–201.

Becker, M.: Aufgaben und Organisation der betrieblichen Weiterbildung. 2. vollst. überarb. Auflage. München; Wien 1999.

Becker, M./Rother, G.: Assessment-Center. In: *Corsten, H. (Hg.):* Lexikon der Betriebswirtschaftslehre, München, Oldenbourg, 1995.

Behrens, G.: Erkundung. In: arbeiten + lernen, H. 10/10 a, 1980, S. 17–19.

Behrens, G., Faust, P.: Rollenspiel. In: arbeiten + lernen, H. 10/10 a, 1980, S. 73–74.

Bundesinstitut für Berufsbildungsforschung (Hg.): Leittexte – ein Weg zu selbständigem Lernen. Berlin 1987.

Bien, G.: Leittexte und Lernstudio in der kaufmännischen Ausbildung. In: Wirtschaft und Gesellschaft im Beruf, H. 2, 1998, S. 50–59.

Biller, K.: Pädagogische Kasuistik. Eine Einführung. Baltmannsweiler 1988.

Bock, B., Kluge, J.: Planspiel: Betriebliche Ausbildungsprobleme. In: arbeiten + lernen, Arbeit, Beruf, Wirtschaft, Technik in der Unterrichtspraxis, H. 10/10 a, 1980, S. 59–64.

Bönsch, H.: Handlungsorientierter Unterricht. In: Niedersächsisches Schulverwaltungsblatt, H. 1, S. 12–19.

Bornträger, W.: Zukünftige Arbeitsformen in der Industriegesellschaft aus der Sicht des Einzelhandels. In: *Bornträger, W. u. a.:* Künftige Arbeitsformen der Industriegesellschaft und berufliche Bildung, Köln 1986, S. 21–37.

Brauers, J., Weber, M.: Szenarioanalyse als Hilfsmittel der strategischen Planung. Methodenvergleich und Darstellung einer neuen Methode. In: Zeitschrift für Betriebswirtschaft, H. 7, 1986, S. 631–640.

Bredemeier, K., Schlegel, H.: Die Kunst der Visualisierung. Erfolg durch zeitgemäße Präsentation. Düsseldorf, Wien 1994.

Buddensiek, W.: Rollenspiel. In: *Kaiser, F. J., Kaminski, H. (Hg.):* Wirtschaft. Handwörterbuch zur Arbeits- und Wirtschaftslehre. Bad Heilbrunn/Obb. 1981, S. 261–264.

Bunk, G. B.: Revision der kaufmännischen Berufsausbildung. Heidelberg 1974.

Bühl, W. L. (Hg.): Verstehende Soziologie. Grundzüge und Entwicklungstendenzen. München 1972.

Burckhard, K.-J.: Marketing. Erkundungen und Expertenbefragung im Ökonomieunterricht des 11. Jahrganges eines Gymnasiums. In: arbeiten + lernen/Wirtschaft, H. 19, 1995, S. 21–27.

Buzan, T.: Kopftraining, Anleitung zum kreativen Denken. Tests und Übungen. München 1984.

Clark, C. H.: Brainstorming. 2. Auflage – München 1967.

Domsch, M., Jochum, I.: Zur Geschichte des Assessment Centers. Ursprünge und Werdegänge. In: *Lattmann, C. (Hg.):* Das Assessment-Center-Verfahren der Eignungsbeurteilung und sein Aussagegehalt. Heidelberg 1989, S. 1–18.

Dörner, D.: Problemlösungen als Informationsverarbeitung. Stuttgart 1976.

Drewes, C.: Stellungnahme zu den neuen Berufen. Industriegewerkschaft Metall. In: IZ, März 1987.

Dubs, R.: Ganzheitliches Lernen und Denken in der ökonomischen Bildung. In: arbeiten + lernen/Wirtschaft, H. 11, 1993, S. 6–11.

Ewig, G.: Wirtschaftszeitgemäß Lehren. Neue Ansätze zur methodischen Gestaltung des Unterrichts in der Wirtschaftslehre. In: Winklers Flügelstift, H. 2, 1997, S. 17–19.

Faix, W. G., Laier, A.: Soziale Kompetenz. Köln 1989.

Frackmann, M.: Experten-Interview. In: arbeiten + lernen, H. 10/10 a, 1980, S. 34–35.

Frank, A.: „Clustering" und „Mindmapping". In: *Horst, U., Ohly, K.-P. (für das Autorenteam):* Lernbox. Tips und Anregungen für Schülerinnen und Schüler zum Selberlernen. Berlin 1997, S. 14.

Gentz, M.: Technischer Wandel – neue Anforderungen an die Personalentwicklung und betriebliche Bildung. In: *Bornträger, W. u. a.:* Künftige Arbeitsformen der Industriegesellschaft und berufliche Bildung, Köln 1986, S. 5–20.

Geschka, H., Hammer, R.: Die Szenario-Technik in der strategischen Unternehmensplanung. In: Hahn, D., Taylor, D. (Hg.): Strategische Unternehmensplanung. 5. Auflage. Heidelberg, Wien 1990, S. 311 ff.

Giesecke, H.: Methodik des politischen Unterrichts. 5. Auflage, München 1978.

Gnielczyk, P., Stange, W.: Schuldenpräventionen – eine Zukunftswerkstatt. Materialien für den handlungsorientierten Unterricht. Berlin 1997.

Gönner, K., Lind, S., Weis, H.: Allgemeine Wirtschaftslehre und Spezielle Betriebswirtschaftslehre – Industriekaufmann, 3. Auflage, Bad Homburg v. d. H. 1990.

Götschel, R. unter Mitarbeit von Eberhard, E. und Schnittke, J.: Handlungsorientierter Gruppenunterricht mit Fallstudien und Leittexten. In: Winklers Flügelschrift, H. 2, 1993, S. 3–12.

Grünewald, U., Koch, R.: Informationstechnik in Büro und Verwaltung. Studie über Entwicklung und Anwendung der Informationstechnik in den Tätigkeitsfeldern kaufmännischer und verwaltender Berufe. Berlin 1981.

Hannemann, H.: Mind-Mapping als Arbeits-, Lern- und Erinnerungshilfe im Unterricht an kaufmännischen Schulen. In: Erziehungswissenschaft und Beruf, H. 3, 1998, S. 306–315.

Haspas, K.: In: *Pancratz, V. u. a.:* Naturwissenschaftlicher Unterricht. Frankfurt/M. 1976, S. 53, 71.

Heidack, C. (Hg.): Lernen der Zukunft. Kooperative Selbstqualifikation – die effektivste Form der Aus- und Weiterbildung im Betrieb. München 1989.

Heinig, P.: Rollenspiele – Eine Möglichkeit zur Erneuerung der politischen Bildung in den neuen Bundesländern. In: *Mickel, W. W., Zitzlaff, D. (Hg.):* Methodenvielfalt im politischen Unterricht. 3. Aufl., Schwalbach/Ts., S. 28–35.

Hennig, B.: Die Planspielmethode im Rahmen handlungsorientierter ökonomischer Bildung – dargestellt anhand des Planspiels: „Trilateraler Nationalpark Donau-Auen contra Bau eines Kernkraftwerks." In: *Albers, H.-J. (Hg.):* Handlungsorientierung und ökonomische Bildung. Bergisch-Gladbach 1995, S. 169–196.

Hoffmann, B., Langefeld, U.: Methoden-Mix. Unterrichtliche Methoden zur Vermittlung beruflicher Handlungskompetenz in kaufmännischen Fächern, 2. Auflage. Darmstadt 1997.

Höhler, G.: Spielregeln für Sieger. Düsseldorf 1996.

Höpfner, H.-D. u. a.: Leittexte – ein Weg zum selbständigen Lernen. Referentenleitfaden. Bundesinstitut für Berufsbildung. Der Generalsekretär. Bonn 1991.

Hoppe, M.: Planspiel. In: arbeiten + lernen. Arbeit, Beruf, Wirtschaft, Technik in der Unterrichtspraxis, H. 10/10 a, 1980, S. 57–59.

Hoppe, M., Schulz, H.-D.: Handlungslernen – ein sinnstiftendes, lernorganisierendes Konzept. In: Berufsbildung, H. 31, 1995, S. 14–20.

Hübner, M.: Erkundungen und Praktikum. In: arbeiten + lernen/Wirtschaft, Nr. 19, 1995, S. 14–20.

Institut der deutschen Wirtschaft: Anforderungsprofile von Betrieben – Leistungsprofile von Schulpädagogen. Ergebnisse der Betriebsbefragung. Untersuchung im Auftrag des Bundesministeriums für Bildung, Wissenschaft, Forschung und Technologie. Köln 1997.

Jacob, H.: Betriebswirtschaftliche Fallstudien mit Lösungen. Wiesbaden 1976.

Jecht, H., Sausel, S.: Unterrichtsprojekte mit dem Internet. cul 8r: –)). Darmstadt 1998.

Jungk, R., Müller, N. R.: Zukunftswerkstätten. Mit Phantasie gegen Routine und Resignation. 6. Auflage, München 1997.

Kaiser, F. J.: Arbeitslehre. Materialien zu einer didaktischen Theorie der vorberuflichen Erziehung. Bad Heilbrunn/Obb. 1974.

Kaiser, F. J. (Hg.): Die Fallstudie. Theorie und Praxis der Fallstudiendidaktik. Bad Heilbrunn 1983.

Kaiser, F. J., Kaminski, H. (Hg.): Methodik des Ökonomieunterrichts. Grundlagen eines handlungsorientierten Lernkonzepts mit Beispielen. Bad Heilbrunn 1994.

Kaiser, F. J., Weitz, B. O. unter Mitarbeit von Brüggemann, A., Schnittker, L.: Projekt: Die SANGRO GmbH bereitet sich auf den EG-Markt '92 vor. Paderborn 1990.

Klafki, W. (Hg.): Unterrichtsbeispiele der Hinführung zur Wirtschafts- und Arbeitswelt. Düsseldorf 1970.

Kaminski, H., Reuter-Kaminski, O.: Die Einführung von Schülern in aktive Lernverfahren des Arbeitslehreunterrichts mit Hilfe von Bildsymbolen. In: arbeiten + lernen, Nr. 45, Juni 1986.

Kirckhoff, M.: Mind Mapping. Berlin 1988.

Kirckhoff, M.: Einführung in eine kreative Arbeitsmethode. Bremen 1993.

Klippert, H.: Handlungsorientierter Politikunterricht. In: *Cremer, W.:* Methoden der politischen Bildung – Handlungsorientierung –. Bonn 1991, S. 8–21.

Klippert, H.: Planspiele in Schule und Lehrerfortbildung. In: *Keim, H. (Hg.):* Planspiel, Rollenspiel, Fallstudie. Köln 1992, S. 219 ff.

Knoll, J.: Kurs- und Seminarmethoden. Das Trainingsbuch zur Gestaltung von Kursen und Seminaren, Arbeits- und Gesprächskreisen. 6. Auflage. Weinheim, Basel 1992.

Koch, J.: Ausbilden nach der Leittextmethode. In: Gewerkschaftliche Bildungspolitik, H. 6, 1986, S. 137–143.

Koeder, H. W., Stein, H.: Praxisorientiertes Lernen durch Fallstudieneinsatz I: Das Unternehmen als offenes System. In: Wirtschaft und Gesellschaft im Beruf. H. 2, 1992, S. 51–56. – II: Das betriebliche Rechnungswesen als Fixierungsinstrument. In: Wirtschaft und Gesellschaft im Beruf, H. 3, 1992, S. 99–102. – III: Personalwirtschaft/Personalentwicklung. In: Wirtschaft und Gesellschaft im Beruf, H. 4, 1992, S. 147–149. – IV: Produktentwicklung. In: Wirtschaft und Gesellschaft im Beruf, H. 6, 1992, S. 233–235. – V: Einrichten einer Kostenrechnung. In: Wirtschaft und Gesellschaft im Beruf, H. 1, 1993, S. 3–7.

Kompa, A.: Bestandsaufnahme und Kritik. 4. Auflage. München, Mering 1992.

König, M.: Szenariotechnik. Unterrichtsgegenstand und Unterrichtsmethode in kaufmännischen Schulen. In: *Becker, M., Pleiß, U. (Hg.):* Wirtschaftspädagogik im Spektrum ihrer Problemstellungen. Baltmannsweiler 1988, S. 260–279.

Köpping, A., Osterwinter, L., Merkemeier, J.: Eigenfertigung oder Fremdbezug. In: *Weitz, B. O.:* Fallstudien zur Industriebetriebslehre. Essen 1994, S. 73–76.

Kosiol, E.: Die Behandlung praktischer Fälle im betriebswirtschaftlichen Unterricht (Case-Method). Ein Berliner Versuch. Berlin 1957.

Kruber, K.-P.: Der „systematische Ort" für Ethik in der Marktwirtschaft – ein Problem der ökonomischen Bildung. In: *Albers, H.-J. (Hg.):* Ethik und ökonomische Bildung. Bergisch-Gladbach 1996, S. 39–57.

Krückelhaus, H.: Organismus und Technik. Gegen die Zerstörung menschlicher Wahrnehmung. Frankfurt 1979.

Lapke, G., Paul-Kohlhoff, A.: Und wie sieht's eigentlich draußen aus? In: Lernfeld Betrieb, H. 5, 1987, S. 29–37.

Lattmann, C. (Hg.): Das Assessment-Center-Verfahren der Eignungsbeurteilung. Sein Aufbau, seine Anwendung und sein Aussagegehalt. Heidelberg 1989.

Liedtke, M.: Johann Heinrich Pestalozzi in Selbstzeugnissen und Bilddokumenten. Reinbeck bei Hamburg 1981.

Lipp, U.: Mind-Mapping in der Schule. Gedanken – Landkarten als visuelle Hilfen. In: Pädagogik, 1994, H. 10, S. 22–26.

Maurer, F.: Unterrichtsbeobachtung und didaktische Kasuistik. In: *Dohmen, G., Maurer, F., Popp, W. (Hg.):* Unterrichtsforschung und didaktische Theorie. München 1970, S. 130–144.

Mattauch, C.: Ohovens Klassenkampf. In: Impulse. Das Unternehmermagazin, H. 2, 1999, S. 8–10.

Meffert, H.: Marketing, Grundlagen der Absatzpolitik. 7. Auflage. Wiesbaden 1991.

Mertens, D.: Schlüsselqualifikationen. In: Mitteilungen aus der Arbeitsmarkt- und Berufsforschung, Nr. 7, 1974, S. 36–43.

Meyer, H.: Schulpädagogik. Berlin 1997.

Meyer, W.: Schattendidaktik. In: Wirtschaft und Gesellschaft im Unterricht, H. 4, 1998, S. 537.

Mickel, W. W.: Methodik des politischen Unterrichts. 4. Auflage. Frankfurt/M. 1980.

Mitteldeutsche Zeitung, 03.07.1997.

Modick, H.-E.: Brainstorming. In: arbeiten + lernen, H. 10–10 a, 1980, S. 14.

Mungenast, M., Finzer, P.: Auswahl von Führungskräften durch Assessment Center – Kritische Würdigung – In: Personalführung + Technik + Organisation, H. 7, 1993, S. 336–338.

Neue Westfälische, 08.11.1997.

Neugebauer, W.: Die Betriebserkundung als ein Unterrichtsverfahren der Wirtschafts- und Arbeitslehre. In: *Neugebauer, W. (Hg.):* Fachdidaktisches Studium in der Lehrerbildung. Wirtschaft 2. „Curriculumentwicklung für Wirtschafts- und Arbeitslehren". München 1977, S. 220 ff.

Obermann, C.: Assessment Center. Entwicklung – Durchführung – Trends. Wiesbaden 1992.

Osborn, A. F.: Applied Imagination. New York 1953.

Ott, H. K., Reip, H., Weber, H.: Aufgaben und Probleme aus der Wirtschaftsdidaktik. XVII: Gruppenarbeit. In: Wirtschaft und Gesellschaft im Beruf, H. 6, 1984, S. 205–211.

Ott, H. K., Reip, H., Isberner, D.: Planung, Analyse und Beurteilung von Unterricht. Bad Homburg v. d. Höhe 1995.

Pancratz, G.: Handlungsorientierter Unterricht an kaufmännischen Schulen. Hintergrund – Konzept – Beispiele. Rinteln 1993 (a).

Pancratz, G.: Leittexte im Unterricht an kaufmännischen Schulen. In: Erziehungswissenschaft und Beruf, H. 1, 1993, S. 15–20 (b).

Peege, J.: Szenariotechnik in Wirtschafts- und Gesellschaftsunterricht. In: Wirtschaft und Gesellschaft im Unterricht, H. 5, 1986, S. 168–172.

Peterssen, W. H.: Methoden-Lexikon. In: *Meyer, A. M. u. a. (Hg.):* Lernmethoden – Lehrmethoden. Wege zur Selbständigkeit. Velbert 1997, S. 120–128.

Pfaff, M.: Problemorientiertes Lernen. Weinheim 1997.

Pötzsch, H.: Deutsche Geschichte nach 1945 im Spiegel der Karikatur. München 1997.

Rauber, C.: Schulen ans InterNET(z) – Unterricht am „Weltgehirn". In: Wirtschaft und Erziehung, H. 5, 1997, S. 159–161.

Reetz, L.: Fälle und Fallstudien im Wirtschaftslehreunterricht. In: Wirtschaft und Erziehung, H. 5, 1988, S. 148–156.

Reetz, L. Beiler, J., Seyd, W.: Fallstudien zur Materialwirtschaft. Ein praxisorientiertes Wirtschaftslehre-Curriculum (Band 2). Materialien zur Berufsbildung. Berufsförderungswerk Hamburg, Hamburg 1987.

Reetz, L., Witt, R.: Curriculumanalyse Wirtschaftslehre. Berufsausbildung in der Kritik. Hamburg 1974.

Reibnitz, V., U.: Szenarien. Optionen für die Zukunft. Hamburg 1987.

Reibnitz, V., U.: Szenario-Technik. Instrumente für die unternehmerische und periodische Erfolgsplanung. Wiesbaden 1991.

Reinhard, E.: Grundlagen des Lehrens und Lernens. Anwendungsbezogene pädagogische Wissenschaft. Darmstadt 1994.

Sandmann, D.: Die Szenariotechnik im Wirtschaftslehrunterricht am Beispiel der Thematik „Personalplanung". In: Winklers Flügelstift, H. 1, 1998, S. 18–28.

Sangs, H.: Die Karikatur. Didaktische Hinweise zu Einsatzmöglichkeiten im Unterricht. Darmstadt 1985.

Schlösser, H. J.: Die Konzeption von Planspielen. In: arbeiten + lernen/Wirtschaft. H. 18, 1995, S. 11–14.

Schneidewind, K.: „Guten Tag, ich möchte Ihren Betrieb erkunden!" Anregungen zur Zusammenarbeit von Schule und Betrieb. In: arbeiten + lernen/Die Arbeitslehre. H. 39. 1985, S. 37–41.

Scholz, L.: Thema im Unterricht EXTRA: Politik-Kiste. Bundeszentrale für politische Bildung. Bonn 1997.

Sekretariat der ständigen Konferenz der Kultusminister der Länder der Bundesrepublik Deutschland. Rahmenvereinbarung über die Berufsschule (Beschluß der Kultusministerkonferenz vom 14./15. März 1991).

Seyfarth-Stubenrauch, M.: Jenaplan-Pädagogik. Historischer Hintergrund – aktuelle Konzepte. In: *Eichelberger, H. (Hg.):* Lebendige Reformpädagogik, Innsbruck, Wien 1997, S. 113–123.

Spitzenverbände der Wirtschaft (Hg.): Differenzierung – Durchlässigkeit – Leistung. Vorschläge der Spitzenverbände der Wirtschaft zur Weiterentwicklung von Schule, Berufsbildung und Hochschule. Bonn 1992.

Staudte, A.: Brainstorming. In: *Otto, G., Schulz, W. (Hg.):* Methoden und Medien der Erziehung und des Unterrichts. Band 4, Stuttgart 1985, S. 399–403.

Stein, H.: Unser Beruf und unser Leben (Wollen wir nicht oder können wir nicht?). In: Wirtschaft und Gesellschaft im Beruf, H. 6, 1998, S. 191.

Stein, H.: Wer nichts „weiß", muss alles „glauben". In: Wirtschaft und Gesellschaft im Beruf, H. 3, 1999, S. 70.

Stein, H., Weitz, B. O.: Absatzwirtschaft. Grundlagen, Instrumente und Strategien. Essen 1992 (a).

Stein, H., Weitz, B. O.: Lernen in Zusammenhängen. Bad Homburg vor der Höhe 1992 (b).

Stein, H., Weitz, B. O.: Personalwirtschaft. Grundlagen – Berufsbildung – Personalentwicklung. Studientexte zur Wirtschaftspädagogik, Band 3, Essen 1993, S. 69–72.

Stein, H., Weitz, B. O.: Ganzheitliches Lernen am Beispiel „Absatzwirtschaft". In: Wirtschaft und Gesellschaft im Beruf. H. 5, 1996, S. 213–218 (a).

Steinchen, R.: Methodische Organisation des Rollenspiels. In: *Kochan, B. (Hg.):* Rollenspiel als Methode sprachlichen und sozialen Lernens. Kronberg/Ts., 1974, S. 273–286.

Svantesson, I.: Mind-Mapping und Gedächtnistraining. Bremen 1993.

Toemmler-Stolze, K.: Potentialermittlung durch systematisch geführte Vorgesetztenbefragung. In: Personalführung, H. 1, 1993, S. 58–63.

Ulmann, G.: Kreativität. 2. Auflage. Weinheim 1970.

Ulrich, H.: Management. Bern 1985.

Vopel, K. u. a.: Schreibwerkstatt. Eine Anleitung zum kreativen Schreiben für Lehrer, Schüler und Autoren. Hamburg 1991.

Weber, B.: Handlungsorientierte Methoden. In: *Steinmann, B., Weber, B. (Hg.):* Handlungsorientierte Methoden in der Ökonomie. Neusäß 1995, S. 17–45.

Wegener, J.: Recherche Online. Ein Handbuch für Journalisten. Frankfurt/M. 1998.

Weinbrenner, P.: Zukunftswerkstätten. Eine Methode zur Verknüpfung von ökonomischem, ökologischem und politischem Lernen. In: Gegenwartskunde, H. 4, 1988, S. 527–560.

Weinbrenner, P., Häcker, W.: Zur Theorie und Praxis von Zukunftswerkstätten. In: *Bundeszentrale für politische Bildung (HG):* Methoden in der politischen Bildung – Handlungsorientierung. Bonn 1991, S. 115–149.

Weinbrenner, P.: Die Wiedergewinnung der Zukunft als universale Bildungsaufgabe – Zukunftswerkstatt und Szenariomethode im Methodenvergleich. Schriften zur Didaktik der Wirtschafts- und Sozialwissenschaften, Nr. 41, Universität Bielefeld, Fakultät für Wirtschaftswissenschaften, o. Jg.

Weitz, B. O.: Die Karikatur im sozialkundlich-politischen Unterricht. In: Erziehungswissenschaft und Beruf, H. 3, 1981, S. 339–345.

Weitz, B. O.: Die Expertenbefragung in der Wirtschaftslehre. In: Wirtschaft und Gesellschaft im Beruf, H. 4, 1992, S. 150–157.

Weitz, B. O.: Fallstudienarbeit. In: Wirtschaft und Gesellschaft im Beruf, H. 5, 1994 (a), S. 191–201.

Weitz, B. O.: Fallstudien zur Industriebetriebslehre. Studientexte zur Wirtschaftspädagogik, Band 4, Essen 1994 (b).

Weitz, B. O.: Möglichkeiten und Grenzen der Einzelfallstudie als Forschungsstrategie im Rahmen qualitativ orientierter Modellversuchsforschung. Ein Beitrag zur ganzheitlichen Erfassung, Analyse und Darstellung schulischer Praxis und ihrer formativen Weiterentwicklung, Essen 1994 (c).

Weitz, B. O.: Anschaulichkeit als wesentliche Grundlage der Wirtschaftspädagogik. In: Erziehungswissenschaft und Beruf, H. 2, 1995, S. 136–147.

Weitz, B. O.: Fallstudienarbeit in der beruflichen Bildung. Bad Homburg vor der Höhe 1996 (a).

Weitz, B. O.: Rollenspiele in der Wirtschaftslehre I: Das Konzept, In: Wirtschaft und Gesellschaft im Beruf, H. 1, 1996 (b), S. 10–18.

Weitz, B. O.: Rollenspiele in der Wirtschaftslehre II: Exemplarische Darstellung eines Rollenspiels. In: Wirtschaft und Gesellschaft im Beruf, H. 2, 1996 (c), S. 63–69.

Weitz, B. O.: Planspiele im Unterricht, H. 5, 1996 (d), S. 213–218.

Weitz, B. O.: Planspiel ACOMDEL – Ein Unternehmen in der Krise. In: Wirtschaft und Gesellschaft im Beruf, H. 6, 1996 (e), S. 249–260.

Weitz, B. O.: Ökonomische Theorie und Praxis (Teil 1). Ihre Verzahnung im handlungsorientierten Unterricht. Überlegungen zur Innovation der ökonomischen Bildung. In: arbeiten + lernen/Wirtschaft, H. 24, 1996 (f), S. 7–13.

Weitz, B. O.: Ethik und Wirtschaftsunterricht. In: Wirtschaft und Gesellschaft im Beruf, H. 6, 1997 (a), S. 253–261.

Weitz, B. O.: Perspektiven und Probleme des Ökonomieunterrichts – Anschaulichkeit – Handeln – Lernen. In: *Reinhardt, S., Weise, E. (Hg.):* Allgemeine Didaktik und Fachdidaktik. Fachdidaktiker behandeln Probleme ihres Unterrichts. Weinheim 1997 (b), S. 125–146.

Weitz, B. O.: Innovationspotentiale für die Gegenstandsbestimmung und Gestaltung von ökonomischer Bildung. In: *Kruber, K. P. (Hg.):* Konzeptionelle Ansätze ökonomischer Bildung. Bergisch Gladbach 1997 (c), S. 23–36.

Weitz, B. O.: Das Thema Europa in fachdidaktischen Zeitschriften und Schulbüchern. In: *Kruber, K. P. (Hg.):* Europa – Herausforderung für die ökonomische Bildung. Bergisch Gladbach 1998 (a), S. 239–248.

Weitz, B. O.: Zur Weiterentwicklung der ökonomischen Bildung. In: Wirtschaft und Gesellschaft im Beruf, H. 2, 1998 (b), S. 60–63.

Weitz, B. O.: Handlungsorientierte Methoden und ihre Umsetzung, Bad Homburg v. d. Höhe 1998 (c).

Weitz, B. O.: Assessment Center. In: Wirtschaft und Gesellschaft im Beruf, H. 3, 1998 (e), S. 106–109.

Weitz, B. O. (Hg.): Betrifft Volkswirtschaft. Das Lehrbuch. Bad Homburg v. d. Höhe 1999 (a).

Weitz, B. O. (Hg.): Betrifft Volkswirtschaft. Das Lehrbuch. Materialienband. Bad Homburg v. d. Höhe 1999 (b).

Weitz, B. O.: Methoden der Kreativitätsförderung im Unterricht. In: Wirtschaft und Gesellschaft im Beruf, H. 5, 1999 (c), S. 169–173.

Wichelmann, E.: Lernen im Netz. Internetnutzung in Unterricht und Schulleben. In: *Krawitz, R. (Hg.):* Bildung im Haus des Lernens. Bad Heilbrunn 1997, S. 186–193.

Wigge, A. u. a.: Die Meyer GmbH sucht einen neuen Unternehmensstandort. In: *Weitz, B. O.:* Fallstudien zur Industriebetriebslehre. Essen 1994, S. 11–16.

Wolf, H.-U.: Die „Expertenbefragung“ im Wirtschaftslehre-Unterricht der Hauptschule. In: Lehren und Lernen, H. 6, 1980, S. 40–46.

Zedler, R.: Thema: Existenzgründung und Bildung. In: Wirtschaft und Unterricht. Informationen für Pädagogen in Schule und Betrieb. Hg. vom Institut der Deutschen Wirtschaft Köln in Zusammenarbeit mit der Bundesarbeitsgemeinschaft Schule Wirtschaft, Nr. 1, 25. Februar 1999.